東大よりも世界に近い学校

THE CLOSEST SCHOOL TO THE WORLD

日野田直彦

TAC出版
TAC PUBLISHING Group

はじめに

はじめまして。日野田直彦です。

ぼくは校長です。9年前、公募で大阪府立箕面《みのお》高校の校長になりました。公立学校では当時最年少の校長でした。偏差値50そこそこの「普通」の高校で、さまざまなチャレンジをした結果、生徒も先生も見違えるほど変わり、帰国生でなくても、海外経験がなくても、多くの生徒たちが海外に飛び立っていきました。

そして、45歳のいまは武蔵野大学中学校・高等学校と武蔵野大学附属千代田高等学院の中高学園長を兼務し、さらに千代田国際中学の校長を務めています。生徒や保護者、教育に関心のある方々などから、なかなか「すごい学校」をつくっているといわれています。

さて、どうしてぼくがこの本を書いたのか。それは、いま教育を受けているみなさん、そして大切なお子さんに「よい教育」を受けさせたいと願っているみなさんに伝えたいことがあるからです。

それは、ひと言でいえば、いまの学校は限界にきているということです。どうすればよいかわからず、迷走するばかりです。はっきりいって「オワコン」です。「終わったコンテンツ」

ということです。とくに、ぼくが中心的に取り組んでいる中等教育、つまり、中学と高校で6年もの時間をかけて行われる教育は極端にいえばムダになってしまっているということです。

それは、日本一の難関大学である東京大学や、その東大に多くの生徒が進学する御三家とよばれる中高一貫の名門校、さらには受験戦争を乗り越えるために日々奮闘している予備校や進学塾も例外ではありません。

あとでくわしくお話ししますが、世界が大きく様変わりしたのに、日本社会はまったく昔と変わりません。このままでは、いまの中学生・高校生が親の年齢になるころにはとんでもないことになってしまいます。むしろ、すでに破綻《はたん》へのカウントダウンがはじまっていることは、閉塞感《へいそくかん》が充満する日々の生活のなかで実感されているのではないでしょうか。

ぼくが教育に携わっているのは、日本を変えるためには一番効果的だからです。そして、ミライを担う人たちに戦闘力を高めてもらいたいからです。そのために必要な教育とはどんなものか、そもそも「よい教育」とはなんなのかということを考えなければなりません。本書ではまずそのことからはじめたいと思います。

第1章では、なぜいまの学校が「オワコン」なのか学校の歴史と30年後の社会を考えながら説明します。オワコンの学校で先生のいうとおりに勉強や生活をしていたら、30年後の社会ではまったく役に立たない人間になってしまいます。お先真っ暗です。そして、2050年の世界で求められるのはどういう人材で、そのためにはどういうことを学校で身につけるべきなのか。さらに、世界標準の学校に比べて日本の学校に欠けている重要なポイントもお伝えします。

第2章では、箕面高校といまの武蔵野や千代田でぼくがつくっている、オワコンではない学校を紹介します。偏差値はそれほど高くありませんが、生徒が生き生きと成長し、海外の大学にも卒業生を送り出してきました。

第3章では、ぼくが校長になるまでの経緯をお話しします。ぼくは小学校の後半を東南アジアのタイで過ごしました。中学生のとき帰国しましたが、日本の公立学校になじめず、私立の帰国生向けの学校に編入しました。いわばドロップアウトです。正直にいうと日本の学校や教育が大嫌いでした。でも、「だからこそできることがある」と思って、教育の世界に身を投じ、これまで走り続けてきました。

そして、第4章「ミライの勇者へ」は、ミライを担う人たちへのメッセージです。章題にもあるとおり、ぼくはみなさんに「勇者」になってほしいと願っています。それは、自分たちのためであると同時に、まわりの人々のため、社会のため、ひいては日本や世界のためでもあります。

ぼくはいま校長ですが、職業をきかれたら「社会変革者」と答えています。ぼくがやりたいこと、そしてやっていることは、教育をとおして社会を変革することです。ですが、社会変革は一人ではできません。仲間が必要です。

みなさんに、勇者になってその仲間に加わってほしい。その願いを込めて、本書を執筆しました。第5章は、海外進学の紙上説明会です。裏技も教えます。

成績が上がらない、あまり学校や先生が好きじゃない、どうしてこんな勉強しなきゃいけないんだろう、なぜ、大学に行かなきゃいけないんだろう、どうせ自分なんて……と思い悩んでいる人にこそ、この本を読んでほしいと思います。その悩みや違和感はまちがいではありません。ぼくもタイから帰ってきてそう思いました。でも、少しだけ視点を変えてみてください。すると、世界はちがって見えてきます。

大学へ行くのも、就職するのも、そのために勉強するのも、それ自体は目標ではありません。自分のやりたいことを実現するための手段です。ところが、学校や勉強に悩む多くの人は大学に行くことや就職すること自体を目標と勘違いしています。手段が目標になってしまっては面白いはずがありません。学校や勉強がつまらなく思えるのは、自分のやりたいこと、自分が実現したいこと、つまり、目標や目的が見つかってないからです。きちんと自分と向き合い、やりたいことや実現したいことが明確になれば、毎日の生活は充実し、勉強も楽しくなるはずです。この本ではその方法をお伝えします。

中学生や高校生のお子さんをもつお父さんやお母さんがたにも読んでほしいと思います。娘や息子が勉強しない、やりたいことがないといっている、元気がない、でも、それなりの高校や大学、会社には行かせたい……、と子どもの教育に思い悩んでいるみなさんです。ご自身の受けてきた教育に満足できず、「子どもには自分と同じ思いを味わわせたくない」と思ったり、期待していた学校や塾で子どもの成績が思ったほど上がらずに「こんなはずじゃなかった」と悩んだりしているかたもいるでしょう。もしかしたら、子どもが中学受験に失敗したかたもいるのではないでしょうか。そんなみなさんに向けて、本当に学校で身につけるべきことをお伝えします。

学校の先生や教育業界で働いているみなさんにもぜひ、本書を手に取ってほしいと思います。ぼくも社会科の教員でしたので痛いほどわかりますが、先生も悩んでいます。生徒が話を聞いてくれない、元気がない、保護者からのクレームがつらい、なんでこんなことといわれなきゃいけないんだろう、こんなところから早く逃げ出したい、こんな状況なのは国や校長のせいだ、思いが空回《から》りして周囲から浮いてしまう……。そうした悩みを抱える先生は少なくありません。学校をよりよくしようと思って情熱を注いでも、共感してくれる仲間が少ないとなげいている先生も多いと思います。

くり返しますが、ぼくは教育で社会を変えたいと思っています。そのためには仲間が必要です。一緒にワクワクする社会をつくりましょう。

この本が、これらの悩みや課題に少しでも役立てばと思います。

じつは、ぼくは「日本で一番学校説明会に人が集まる校長」ともいわれています。そんなリピーターも多いぼくの学校説明会では、思いきり関西弁（ぼくは京都弁だと思っていますが）で話しています。あるとき、恐ろしいことがありました。アンケートに「関西弁が耳障りだ」と書かれたのです。先の見えないこれからの時代、世界で通用する人材、そして多様性（ダイバーシティ）が重要だといわれ、時代はＳＤＧｓだというのに関西弁すら許されないというのでしょうか。ところどころ関西弁が出てくるかもしれませんが、最後までのお付き合いをよろしくお願いします。

第1章 学校はオワコンだ

第2章 ぼくがつくっている「ミライの学校」

第3章 帰国生、校長になる

第4章 ミライの勇者へ

1 勇者ってなんだろう

2 Who are you?

3 自分の人生の舵を握ろう

第5章 Go Abroad! ——海外進学の道

第1章

学校はオワコンだ

「はじめに」でもお話ししたとおり、いまの学校はもはや「オワコン」です。なぜ、オワコンなのでしょうか。そして、オワコンじゃない学校とはどんな学校なのでしょうか。

第1章では、そもそも学校とはなんなのか、そして世界と日本では、求められる人材像や、その人材を育てる学校がどうちがうのか、さらには、そんな「オワコン」といわれるような学校でどのように生きていくべきか、ぼくが日々、生徒や保護者たちに伝えていることをお話ししたいと思います。

世界はものすごいスピードで変化している

まず、いまの学校がオワコンな理由を説明しましょう。オワコンとは一時は流行したけれど時代に取り残されてしまったもののことです。すっかり若い人が使わなくなったフェイスブックなどはオワコンといえるでしょう。

いまの学校は、生徒のためにも、社会のためにも役に立っていません。弊害ですらあります。理由は簡単です。時代に合っていないからです。社会の変化にまったく追いつけていないのです。

では、何を意識すべきなのか。

2050。

いま意識しなければならないのは「2050年」、いまの中学生・高校生がお父さん、お母さんの年齢になるころの社会です。そこを生き抜かなければならない。そのためには、親や社会の常識や思い込みに惑《まど》わされないことが大切です。つまり、いまの学校はだれがなんのためにという視点がないために、根拠のない常識やいままでは通用しなくなった過去の成功体験に縛られているのです。

世界や社会はものすごいスピードで変化しています。ぼくが高校に入学したのは１９９３年ですが、当時、携帯電話をもっている人はほとんどいませんでした。高校生の話とちがいます。大人の話です。もちろん、スマホなんてありません。インターネットのサービスも始まったばかりで、使っている人は数えるほどでした。ＳＮＳなんて、言葉さえありません。グーグルもアップルも、アマゾンもフェイスブックも、ツイッターもインスタグラムもラインも、影もかたちもありませんでした。

スマホのない生活、考えられますか。考えられないでしょう。そりゃそうです。いまの高校生は平均で1日4時間、スマホを使っています。校長としては頭の痛い問題ですが、いいたいのはそこではありません。わずか30年で、世界がガラリと変わったということです。高校生の日常がすっかり変わってしまったんです。

もう一つ、社会の話をします。格差社会です。２０００年ごろを境に日本でも貧富の差が急速に広がり始め、社会問題となりました。

ぼくが高校に入学する少し前まで、日本は空前の好景気に浮かれていました。バブル経済です。日本は世界第2位の経済大国で、日本の企業は世界のトップ10に7社、トップ30に21社がランクインしていた時代です（図表1）。１９８９年のトップはＮＴＴです。2位から5位ま

図表1　**1989年と2021年の世界の時価総額ランキング**

1989年

順位	企業名	時価総額(億ドル)	国名
1	日本電信電話(NTT)	1638.6	日本
2	日本興業銀行	715.9	日本
3	住友銀行	695.9	日本
4	富士銀行	670.8	日本
5	第一勧業銀行	660.9	日本
6	IBM	646.5	アメリカ
7	三菱銀行	592.7	日本
8	エクソン	549.2	アメリカ
9	東京電力	544.6	日本
10	ロイヤル・ダッチ・シェル	543.6	イギリス
11	トヨタ自動車	541.7	日本
12	GE	493.6	アメリカ
13	三和銀行	492.9	日本
14	野村證券	444.4	日本
15	新日本製鉄	414.8	日本
16	AT&T	381.2	アメリカ
17	日立製作所	358.2	日本
18	松下電器	357.0	日本
19	フィリップ・モリス	321.4	アメリカ
20	東芝	309.1	日本
21	関西電力	308.9	日本
22	日本長期信用銀行	308.5	日本
23	東海銀行	305.4	日本
24	三井銀行	296.9	日本
25	メルク	275.2	ドイツ
26	日産自動車	296.8	日本
27	三菱重工業	266.5	日本
28	デュポン	260.8	アメリカ
29	GM	252.5	アメリカ
30	三菱信託銀行	246.7	日本

2021年

順位	企業名	時価総額(億ドル)	国名
1	アップル	26451.6	アメリカ
2	マイクロソフト	24352.1	アメリカ
3	サウジアラムコ	20117.4	サウジアラビア
4	アルファベット(Google)	19388.6	アメリカ
5	アマゾン	17454.8	アメリカ
6	テスラ	10816.3	アメリカ
7	メタ(Facebook)	8816.0	アメリカ
8	バークシャー・ハサウェイ	6562.2	アメリカ
9	エヌビディア	6215.3	アメリカ
10	テンセント	6018.1	中国
11	台湾積体電路製造(TSMC)	6016.3	台湾
12	JPモルガン・チェーズ	5034.7	アメリカ
13	アリババ	4602.9	中国
14	ビザ	4880.6	アメリカ
15	ユナイテッドヘルス	4294.4	アメリカ
16	ジョンソン&ジョンソン	4287.0	アメリカ
17	ウォルマート	4139.5	アメリカ
18	サムスン電子	4059.1	韓国
19	バンク・オブ・アメリカ	3932.4	アメリカ
20	LVMHモエ・ヘネシー・ルイ・ヴィトン	3932.4	フランス
21	ホーム・デポ	3921.4	アメリカ
22	ネスレ	3610.8	スイス
23	貴州茅台酒	3602.2	中国
24	P&G	3452.8	アメリカ
25	ロシュ	3403.4	スイス
26	ASML	3380.5	オランダ
27	マスターカード	3286.3	アメリカ
28	ウォルト・ディズニー	3083.3	アメリカ
29	アドビ	3041.7	アメリカ
30	ネットフリックス	2985.7	アメリカ
⋮			
38	トヨタ自動車	2465.0	日本

※1　時価総額とは「株価×発行済株式数」で求められるもので、会社のその時点での価値を示す
※2　1989年は「THE BusinessWeek Global 1000」より作成
※3　2021年は『ダイヤモンドセレクト2022年1月号』より作成

で日本興業銀行、住友銀行、富士銀行、第一勧業銀行といった日本の銀行がずらりと並んでいます。32年後の2021年の世界ランキングでは、トップ30に日本の企業名はありません。トップ5、アップル、アマゾン、アルファベット（グーグルの持ち株会社）、マイクロソフト、フェイスブック。どれも、アメリカのシリコンバレーを拠点とするIT企業です。トップ50まで広げてみても日本の企業は38位のトヨタ1社だけ。当然です。日本興業銀行、住友銀行、富士銀行、第一勧業銀行なんて、聞いたこともないでしょう。バブルを謳歌《おうか》していたそれらの銀行は、つぶれたり合併したりして、いま、その名前が残っている銀行はありません。

当時の大学生は会社を選びさえしなければだれでも就職できました。売り手市場といって、大学4年生の数より、企業が募集する新入社員の数のほうが多かったのです。ところが、バブル経済が崩壊すると状況が一変します。就職氷河期です。ぼくも就職氷河期の学生でした。企業が募集する社員の数は減り続け、2003年には新卒大学生の就職率は55％まで下がりました。2人に1人は就職できなかった、ということです。正社員として就職できなかった人は、同じ仕事をしても給料が安く、年金や健康保険などの社会保険も不十分なアルバイトなどで働くしかなく、それが格差社会の主因となりました。

厳しい就職戦線を勝ち抜いて企業に就職できても安心できません。ぼくが高校生だったころまでは、大企業が倒産することはほとんどありませんでした。終身雇用といって、新卒で入社した会社で定年まで働き続けるのが当たり前でした。会社に入りさえすれば、高望みしないかぎり一生安泰な生活が送れた社会だったのです。

中世から変わらない学校

残念なことに、いまはちがいます。会社はバンバンつぶれてます。「2011年に小学校に入学したアメリカ人の65%は、大学を卒業したときには、いまは存在していない仕事に就く」と予測している学者もいます。キャシー・ダビッドソン教授（当時デューク大学教授）です。大会社に入っても40歳過ぎたころから、リストラの影がちらつき始めます。一度も転職せず、定年まで同じ会社で職業人生を終えることができる人は、日本でも多数派ではなくなりました。そもそも、大学を卒業しても、正社員として就職できるとはかぎりません。社会は不安定で、大学さえ出とけばなんとかなるという時代ではなくなってしまったのです。

ところが、ぼくが高校に入学してからの30年間だけにかぎっても、世界や社会、日本はすっかり変わってしまったのに、学校はまったく変わっていません。ほとんど昔のままです。30年前どころか、明治時代と比べても何も変わっていないのです。

図表2を見てください。14〜16世紀ごろの中世ヨーロッパの学校です。教壇に立つ先生を生徒が仰ぎ見ています。前の席の生徒は目を輝かせ、後ろの席の生徒は居眠りしています。これ、いまとまったく変わりません。この時代、知識は一部の人に独占されていました。知識をもっている人は少なく、学校はその知識を学びにいくところでした。

しかし、時代は変わりました。500年以上経っているのだから当たり前です。いまはインターネットがあるので、学校で知識を学ぶ必要はほとんどありません。中学校ぐらいまでの学力があれば、ほとんどの知識はインターネット上で学ぶことができます。もちろん、だから学校はいらない、というので

図表2　中世ヨーロッパの学校

はありません。学校の役割は変わったといいたいんです。

学校はなんのためにあるのか？

そもそも、学校はなんのためにあるのか考えたことありますか。

「そんなん、教育のためやろ。当たり前やん」

そのとおりです。では、「そしたら、教育ってなんのためにあるんやろ」。

これ、実は結構むずかしい問題です。「当たり前」と思っていても、「なぜ」を考え始めるとよくわからないことがあります。答えは簡単ではありません。国をデザインする権力者、有能な社員を求める経営者、教育に携わる者、子どもを学校に行かせる保護者、学校に通う学生、立場がちがえば、教育についての考えや、教育や学校に求めることは当然、ちがいます。

ぼくは校長ですから、教育は子どもたちが自立し、幸せになるためにあると思っています。本当です。学校を卒業して社会に出てから、自立して幸せな人生を送れるように、子どもを育てるのが教育の役目だと思っています。学校は子どもたちが自立するための箱庭です。ほとんどの先生は、心から子どもたちの幸福を願っています。お父さんやお母さんが学校や教育に期待することも同じだと思います。

「そしたら、幸せな人生って何？」

当然の疑問です。そういう疑問をもつことが、人生にとって最も大切なことの一つです。少なくとも、ぼくは「おカネをたくさんもっていることが幸せ」とは思いません。そのような幸せは、追いかけても虚《むな》しいだけです。でも、これ以上考えるとドツボにはまりますので、その疑問は封印しておきましょう。ここでは、教育者や保護者は、学校や教育とは子どもたちの幸福のためにあると考えているとだけいっておきます。

忠犬ハチ公を生産する学校

ところが、権力者や会社の経営者たちの考えはちがいます。彼らが求めているのは、国や会社の維持・発展に役立つ人間です。そのため、教育や学校は、国や社会、会社にとって役に立つ人間を育てるためにあると考えます。「よき納税者を育成する」という言葉があるほどです。学校や教育システムを設計するのは国（権力者）ですから、当然、学校や教育は国や社会にとって役に立つ人間が育つようにつくられます。

こういうと身もふたもない話ですが、ぼくは社会科、とくに歴史の教員でもあるので、学校の歴史的な成り立ちを少しだけ振り返りたいと思います。古代ギリシャや古代中国までさかのぼると大変なので、話をヨーロッパにおける17世紀の市民革命前後と18世紀の産業革命以降にしぼります。

市民革命以前の学校は、貴族やお金持ちなど一部の特権階級の人々だけのものでした。そして、市民革命以降、国や政府の責任で行う公教育が市民のあいだに普及していきました。それを加速させたのが産業革命です。それにより、公教育の目的や性質は変質しました。

大雑把にいえば、産業革命以降の発達した資本主義社会のなかで、学校教育は資本家が経済活動を維持するために必要となった労働力を大量生産するためのシステムに組みこまれました。産業革命によって生産手段が発達し、都市部には工場ができ、農村部から人々が大量に流入します。中学の社会科で勉強しましたよね。工場には、そこで働く、読み書きそろばんができる労働者が大量に必要です。その知識を授ける場として学校教育は普及しました。

一方で、労働者が賢くなって自立されては困ります。「賃金を上げろ」とか「労働時間を短くしろ」などと、ごちゃごちゃと文句をいってくるような人が増えては困るのです。資本家が求めるのはおとなしく従順でよく働く労働者です。そのために、学校では思想をチェックしたり、校則を厳しくしたりして、先生のいうことをよくきく、忠犬ハチ公のような犬（労働者）を生産するシステムをつくったのです。それが、近代の学校の原点です。

「いえない」「いわない」「いわせない」

その原点は21世紀のいまも、姿かたちを変えながら、色濃く引き継がれています。みなさんが肌で理解しているように、学校は勉強を教わるだけの場所ではありません。社会のルールや社会での「正しい」振る舞いを身につけるための場所でもあります。

学校に厳しい校則があるのも、1学級40人というシステムが維持されているのもそのためです。中学校や高校に髪の長さから靴下の色までうるさく制限する校則があるのは、わけのわからない規則で縛りつけられることに慣れさせて、規則を守り、上に逆らわない従順な人間をつくるためです。1学級が40人なのも、勝手な言動をしないおとなしい人間をつくるためです。40人が一斉に勝手なことをしだしたら、授業は成立しません。学級崩壊です。ほとんどの先生は自分の意に反して生徒に対して高圧的、強権的になるしかありません。いまの学校は、先生をそのように仕立てるシステムになっているのです。

システムの影響を受けているのは先生たちだけではありません。生徒も同じです。校則なんてあほらしいと思っても、それを守らずに目立った格好をすると嫌われます。みんなと同じことをしないと嫌われる。変わったことをする生徒は仲間外れにされたり、いじめられたりする。目立つ奴はつぶされていく。身に覚えありませんか。それを「同調圧力」といいます。

社会のルールを守るのはたしかに大切です。しかし、日本の学校ではそれが著しいです。日本の教育では個性を出すと嫌われます。ある教え子の話ですが、小学校低学年のとき、学校の図工の時間に漫画の『寄生獣』に出てくるような異様な物体の絵を描いたら、無茶苦茶怒られたといいます。友達からも馬鹿にされます。先生が喜ばないような絵を描いたり他人とちがうことをしたりしたら、先生に怒られるし友達からは嫌われる。だから、好きな絵を描いたりやりたいことをしたりしたい気持ちを抑えて、まわりに合わせてなるべく目立たないようにする術《すべ》を身につけるようになる。そういう小さなことの積み重ねのなかで、いつしか個性はつぶされます。

それは、権力や権威に従順な人間をつくるのに学校システムは、非常にうまく機能したということです。しかも、皮肉にも学校というシステムだけではなく、先生や生徒までもが、従順な人間をつくるための役割を立派に果たしています。

つまり、産業革命以降の学校は、人間を忠犬にするための調教システムとしてつくられたにすぎないのです。「いえない」「いわない」「いわせない」人間を生産するための組織です。いまもその本質は変わらないので、いつまでたっても、自立しない従順な人間を育てることしかできません。

でも、それではいけないのです。

日本で産業革命がたった30年でできたのは教育のおかげ

もちろん、学校がすべていけなかったわけではありません。学校はその時代ごとに、社会の発展のために重要な役割を果たしてきました。たとえば、産業革命期のヨーロッパの学校では、それまで字を知らず本を読めなかった多くの人が読み書きを習えるようになりました。

日本でも、江戸時代の中期以降、寺子屋という、いまでいう民間の塾が全国津々浦々に開設され、庶民の子供たちに読み書きそろばんを教えました。世界史に類のない出来事です。結果、日本は高い識字率を誇る国となりました。

この日本人の高い意識が、明治以降の日本の発展に大きく貢献します。明治政府は１８７２

（明治5）年に学制を公布し近代的な学校制度を定め、全国にいまの小学校や中学校などの各種の学校を設置し始めましたが、政府が自前でつくった学校はほとんどありません。江戸時代に日本各地につくられていた寺子屋や私塾、藩校などを買い上げ、それを母体として学校を開設したのです。そうでなければ、あれほど急速に学校制度が普及することはなかったでしょう。明治政府がつくったのは、全国どこでも同じ教育が行えるシステムだけです。

明治政府は欧米列強に伍《ご》した国を建設するため、富国強兵《ふこくきょうへい》と殖産興業《しょくさんこうぎょう》を国策として強力に推進しました。その源泉となったのが学校と軍隊です。学校が均質な労働者を大量に生産したおかげで、日本の産業革命は一気に進みました。ほかの国々が200年かかった産業革命を、日本はわずか30年で達成したのです。

高度成長を支えた学校

戦後の日本でも、学校教育は人々の幸せに貢献していた時期がありました。日中戦争、太平洋戦争に大敗し、日本の都市は大半が焼け野原になりました。食糧難から人々は明日のごはんにも困る生活を強《し》いられました。そんなどん底から再出発したにもかかわらず、1945年の敗戦からわずか十数年で、日本は「東洋の奇跡」と世界を驚かせた経済復興を遂げました。1960年代からは高度成長期に入り、国民の多くが豊かになっていきました。

高度成長の原動力になったのは、繊維や自動車、電気製品、鉄鋼、造船などの産業です。トヨタや松下、三菱といった大企業の下請けとなって中小企業が下支えしたのです。そうした産業では、一つの歯車となって会社の指示に従い、文句もいわず黙々と働く労働者を必要としました。学校でいえば、先生のいうことをよくきき、校則を守り、目立ったことをしないで他の生徒と協調し、一生懸命に勉強したり部活をしたりする生徒のような存在です。企業が体育会系の学生を欲しがった理由はそこにあります。

つまり、権力者や会社の上司など、上に立つ人の方針や考えをふまえて行動する人、もっといえば、「上」の意向をくみ取り、忖度《そんたく》できる人が必要でした。そのような人間を育てるために学校はデザインされています。国語の入試問題で「著者の意見」を問うのはそのためです。上の人の意見を理解できる人間を育てるためです。入試問題に強くなるには、出題文の著者の意見だけではなく、「出題者」の意図を察することが必要です。また、英語の問題に英文を正確に翻訳する出題が多いのは、正確に事務作業をこなせる人材を育てるためなのです。

もちろん、学校は社会や企業にとってだけ都合がよかったわけではありません。生徒にとっても、生徒の幸せを願う保護者や先生にとってもよいシステムでした。そのころは、高度成長期で、真面目に働きさえすればだれもが豊かになれる時代でした。冷蔵庫と洗濯機とテレビが「三種の神器」といわれ、人々には欲しいものがたくさんありました。逆にいうと、テレビや冷蔵庫のない家庭がまだまだたくさんある、貧しい時代でした。それらが普及すると、今度は、カラーテレビと自家用車、クーラーが「新三種の神器」といわれ、人々の憧れになります。信じられない人がいるかもしれませんが、それがいまの中高生のおじいちゃん、おばあちゃんが高校生や大学生だった１９７０年ごろのことです。

その時代、会社に入れば終身雇用で失業する心配はありません。給料は年功序列なので、毎年、上がっていきます。ボーナスももらえます。なんの疑問も抱かず会社のために汗水たらして働く人間になることが、自分の幸せに直結していました。つまり、勤勉な労働力を生み出す学校のシステムは、国や社会、企業にとっても、生徒や保護者、先生たちにとっても、ウインウインの非常に優れた装置だったのです。

そのような時代、つまり、会社や組織の歯車となって真面目に働いてさえいれば生活には困らないという「幸せな」時代は、１９９０年代前半にバブル経済が崩壊するまで続きました。

いま思えば、「犬」や「ロボット」のようになれれば楽な時代だったともいえます。先生や親のいうことをきいて適当に勉強して高校や大学を卒業しさえすれば、一生生活に困らない人生が保証されていたのです。もちろん、バラ色だったとはいいません。いつの時代にも、青春に悩みや困難はつきものです。当時から受験戦争はあったし、親や先生や社会が敷いたレールの上を、少しでも偏差値の高い高校、大学に行って、少しでも大きな会社に入る。そんな人生に疑問をもつ学生も少なくありませんでした。当然です。生活に困らなければそれで幸せというわけではないからです。それでも、いまに比べれば楽な時代だったと思います。

日本は課題先進国

残念ながらいまはちがいます。先生やお父さんやお母さんなどまわりの大人のいうことを信じて真面目に勉強し、少しでもいい大学に行き、名のある企業に入れたからといって幸せ、つまり、一生生活に困らないという保証はありません。みなさんが働き盛りの30歳、40歳になるころに、いまある会社が、いくつ生き残っているか想像もつきません。

仕事の種類も変わります。イギリスのオックスフォード大学の研究チームは、ロボットやＡＩ技術の発達により、20年後にはいまある仕事の50％はなくなってしまうと予想しています。

なくなるのは、単純な肉体的な作業や事務作業だけではありません。熟練工やデイトレーダーなど、高度な技術や経験が必須とされる仕事まで、ロボットとＡＩに取って代わられるといいます。ＳＦの話ではありません。リアルな現実です。

それだけじゃありません。いまにはじまったことじゃありませんが、日本には仕事を求めて多くの外国人がやってきています。日本には仕事があり、日本で働いたほうが母国で働くよりたくさん賃金を得ることができるからです。しかし、30年後には、日本人が働き口を求めて海外に出ていかざるをえない時代がやってくるでしょう。

高度成長期やバブル期の時代はもちろん、つい最近まで、日本人は世界を知らなくても生きていけました。日本人だけの社会で、日本語だけを話し、真面目に働いていれば、なんとか生きていける時代でした。日本は世界第2位の経済大国で、選《え》り好みしなければ国内にいくらでも仕事があったからです。経済規模が世界第3位のいまも、かろうじてそうかもしれません。でも、30年後はちがいます。

図表3を見てください。30年後の世界の人口とＧＤＰランキングの予想です。日本の人口は１９９０年代までは世界７位でしたが、徐々に順位を下げ２００２年に10位となり、２０２０年では11位です。それが２０５０年には世界17位にまで後退すると予想されています。

おまけにヨーロッパが束になってもインドや中国にはかないません。人口の大きさは市場規模やＧＤＰの大きさとほぼ比例しますから、人口が減るということは、ＧＤＰが小さくなることを意味します。

各国の経済規模はＧＤＰを指標として比較します。ＧＤＰが大きいほど金持ちの国だということです。ＧＤＰとは「一定期間に国内で新しく生産された商品やサービスの付加価値」と定義されていますが、簡単にいうと、国内で使われたお金の総和のことです。いくら農産物や工業製品をたくさんつくっても、売れなければＧＤＰは増えません。キャベツを1個100円で1万個売っても、1個1万円で100個売っても、ＧＤＰに寄与する生産量は同じです。ＧＤＰは国内総生産という意味ですが、計算されるのは生産量ではなく消費量なのです。ＧＤＰが大きければ大きいほど国内の消費量が大きいということは、ＧＤＰが大きいほど、国内のビジネスが盛んだということを意味しています。

2020年の世界ランクで日本は3位ですが、いまの高校生が社会に出るころの2030年にはインドに追い超されて4位となり、働き盛りになる2050年には7位にまで後退すると予想されています。つまり、国内での消費や投資が少なくなり、結果、仕事が減るということです。国内でビジネスの機会が減ったり働き口が少なくなったりすれば、海外を相手に仕事を

図表3　**世界の将来推計人口と将来推計GDP**

将来推計人口

2020年

1	中国	1,439,324
2	インド	1,380,004
3	アメリカ	331,003
4	インドネシア	273,524
5	パキスタン	220,892
6	ブラジル	212,559
7	ナイジェリア	206,140
8	バングラデシュ	164,689
9	ロシア	145,934
10	メキシコ	128,933
11	日本	126,476

2050年

1	インド	1,639,176
2	中国	1,402,405
3	ナイジェリア	401,315
4	アメリカ	379,419
5	パキスタン	338,013
6	インドネシア	330,905
7	ブラジル	228,980
8	エチオピア	205,411
9	コンゴ民主共和国	194,489
10	バングラデシュ	192,568
⋮		
17	日本	105,804

単位：千人

UN『World Population Prospects: The 2019 Revision』（中位推計）より作成

将来推計GDP

2020年

1	アメリカ	20.9兆ドル
2	中国	14.9兆ドル
3	日本	5.0兆ドル
4	ドイツ	3.8兆ドル
5	イギリス	2.8兆ドル
6	インド	2.7兆ドル
7	フランス	2.6兆ドル
8	イタリア	1.9兆ドル
9	カナダ	1.6兆ドル
10	韓国	1.6兆ドル

2050年

1	中国	61.1兆ドル
2	インド	42.2兆ドル
3	アメリカ	41.1兆ドル
4	インドネシア	12.2兆ドル
5	ブラジル	9.2兆ドル
6	メキシコ	8.0兆ドル
7	日本	7.9兆ドル
8	ロシア	7.6兆ドル
9	ナイジェリア	7.3兆ドル
10	ドイツ	7.3兆ドル

2020年はIMF「World Economic Outlook」、2050年はPwC調査レポートより作成

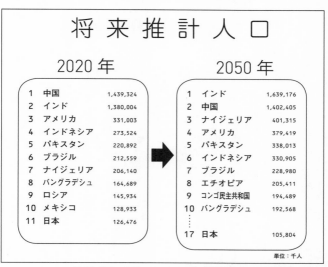

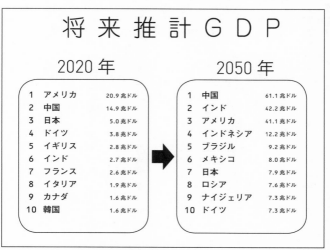

したり、海外で働き口を見つけたりせざるをえません。むしろ、より多くの収入を得たいのならインドネシアで就職したほうがいいくらいです。30年後の社会では、日本国内で日本人だけの社会にとどまっていては、生きてはいけないかもしれないのです。

社会科などで何度も教わっているので、うんざりだと思う人も多いと思いますが、今日の日本の社会には課題が山積しています。少子高齢化が進み人口減少社会の到来が待ったなしの状況で、将来に展望がもてずに幸せな家庭を築くことをあきらめ、結婚にも子育てにも関心をもたない人が多くなっています。格差も深刻です。「親ガチャ」が流行語になったように、もって生まれた資質や家庭の経済状況に起因する問題は、その後いくら努力しても挽回《ばんかい》することはむずかしいことも多く、現代社会はだれもが困難なゲームを生き抜くことを強いられているとして「無理ゲー社会」ともいわれます。将来を担う若い人たちへの投資も多くありません。

2020年から続くコロナ禍と、翌21年コロナ感染症拡大のさなかに無観客で行われた東京オリンピックは、日本のあちこちに潜んでいた矛盾や不満を浮き彫りにしました。コロナ感染者管理アプリの杜撰《ずさん》さは日本社会のデジタル化の遅れをあぶり出し、その姿は「コロナ敗戦」とよばれました。デジタル化の遅れのためコロナ対策で敗れたのです。日本はすでに魅力ある国ではありません。下がり続ける賃金に物価の上昇、国際競争力の低下などにより、イギリスの大手金融機関が行っている海外駐在員による「住みたい、働きたい国ランキング」で、日本は33カ国中32位になっているほどです。さまざまな面で日本の課題は山積し、賃金、物価、幸福度などの指標で新興国に追いこされる例も増えてきました。はっきりいってしまえば、いまの日本は「課題先進国」です。

日本よりバンコクのほうがイケてる⁉

もう一つ、話をします。実は、すでに世界の現状はみなさんが考えているような世界ではなくなっています。日本は世界3位の経済大国だ、先進国だ、日本はアフリカやアジアの他の国に比べたらまだまだイケてる、と思ってませんか。それは、ちがいます。

ニューヨークに行けばだれでもわかりますが、物価が死ぬほど高い。日本の倍以上です。ごはんを食べるのに20ドルもかかります。1ドル＝140円として2800円です。日本なら1000円もあれば定食が食べられますよね。もっと安くすまそうと思えばワンコイン500円でもなんとかいけます。

物価が安いのはええことやんか。そう思うのは無理もありませんが、残念ながら、それもちがいます。庶民にとって物価が安いのはありがたいことですが、それは、賃金が安いこと、もっといえば、国の経済力が衰えていることを意味します。

「アメリカと比べても仕方ないやんか。アジアの他の国やアフリカ諸国に比べたらましでしょ」

それもちがいます。ぼくは小学生のころ、35年前のタイの首都バンコクで3年間を過ごしました。そのころのバンコクには、東京でいうと銀座や新宿のような街にしか舗装された道路はありませんでした。大半は土を固めただけの道です。屋台のパッタイ（焼きそば）やカオパット（チャーハン）なら30円とか50円で食べられました。物価が安いうえ、歴史的な建物や文化

図表4　**世界のビッグマックの価格（2022年7月）**

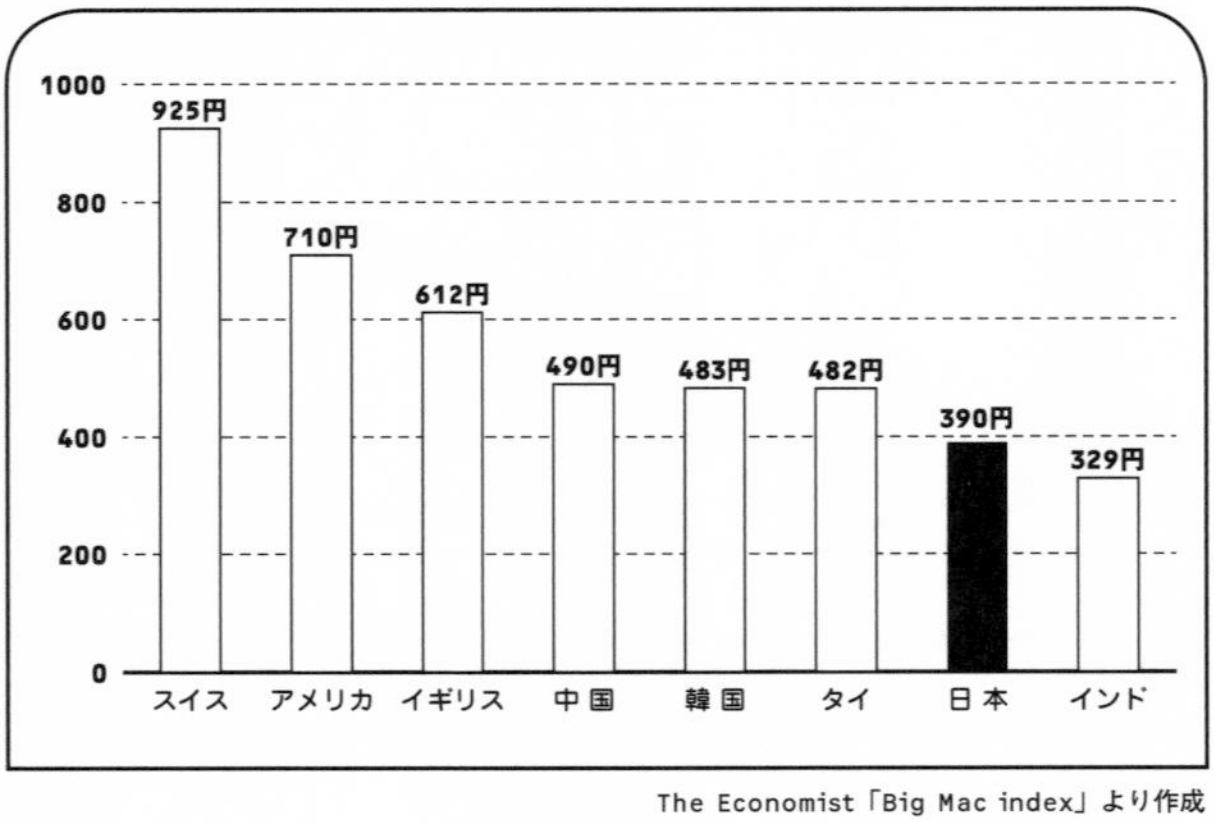

The Economist「Big Mac index」より作成

遺産、景勝地、保養地がたくさんあるので、日本人観光客に人気でした。でも、いまはちがいます。バンコクはいまや大都市です。マクドナルドのハンバーガーは日本より高くなりました。いまだに東京が世界一と思っている人は大勢いますが、はっきりいってバンコクのほうがイケてます。

図表5を見てください。どこの国でしょう。アフリカ・ナイジェリアのエコアトランティックシティの計画です。アフリカといえば貧困や飢えというイメージをもつ人は多いと思いますが、ちがいます。発展してます。アフリカ全体を見渡せば、飢えや貧困に苦しむ人はまだまだいますが、アフリカはすでに支援だけの対象ではなく、投資の対象です。

図表5　ナイジェリア・エコアトランティックシティの計画

 学校はオワコンだ

ぼくの友人がタンザニアで、ハーバード大学と日本のＤＭＭでビジネスコンテストを開いたときの話です。集まったのは20歳前後の学生たちでした。全員がコンピュータプログラミングの実力者です。地元にはｉＰａｄが１台しかない。そんな貧しい地域から参加している学生もいました。村に１台しかないｉＰａｄで、ＭＯＯＣｓ《ムークス》を見てプログラミングを勉強するんです。ＭＯＯＣｓというのは、Massive Open Online Course の略語で、インターネットを使って無料で公開されている大学の講座です。世界のどこにいても、ハーバード大学やマサチューセッツ工科大学（ＭＩＴ）の講義が受けられるんです。そこでコンピュータサイエンスを勉強して、Ｊａｖａ《ジャバ》やｐｙｔｈｏｎ《パイソン》などのプログラミング言語を当たり前に習得します。どうですか。そんな猛者《もさ》があなたのまわりにいますか。そのくらい、世界は変わっているのです。かつては学校の先生は世界の最先端のことを教えてくれる存在でしたが、いまはコンテンツならインターネット上にいくらでもある時代です。40人が教室という同じ一つの空間に集まって知識のインプットをするだけでは意味がないのです。

忠犬ではなく、チェンジメーカーにならないと生き残れない

では、20年後、30年後の日本はどうかというと、多くの日本人が楽観するのとはちがった姿になっているでしょう。だれもが知っているような会社が20年後もあるとはかぎりません。仕事も様変わりします。いまある仕事の半分はなくなるでしょう。

そういう社会状況をよく理解している人は、就活をしている学生に「パパやママが知ってるような企業に就職したらダメ」とアドバイスしています。ご両親が知っているような会社は、極端にいえば、いまがピークです。いずれピークアウトする可能性が高いのです。かつて製鉄や重工業などの花形産業といわれていた企業がその後どうなったかを考えるとわかるのではないでしょうか。日本という小さな国の社会にしがみついていたのでは、将来の生活に困る時代に生きているのです。みなさんは、従順な犬ではなく自立心の強いネコや、どこでも生きていけるオオカミやライオンのような人間に成長しなくてはいけません。これからの社会や企業が、そのような人材を求めるようになるからです。

社会が求めるのは、ＧＡＦＡ《ガーファ》とよばれる企業やＩＴベンチャー企業が雨後のたけのこのよう

に現れるシリコンバレーのようなところで活躍できるような、新しいモノやサービスをつくり出すクリエイティビティにあふれた付加価値の高い人材、固定的な価値観から自由で、新しい発想で常識の鎖を解き放ちパラダイムシフトができるような人材です。つまり、変化に対応するのではなく、自ら変化をつくり出す人、社会全体をデザインできる人です。

といっても、革命を起こせといっているのではありません。歴史に名を残すような人材が求められているという意味でもありません。「新しいモノやサービスをつくり出すクリエイティビティにあふれた付加価値の高い人材」とか、「固定的な価値観から自由で、新しい発想で常識の鎖を解き放ちパラダイムシフトができるような人材」というと、とてつもなくえらい人のように聞こえるかもしれませんが、そうではなく、求められているのは「身のまわりの小さな問題を具体的に解決できる人材」です。できないと頭から決めつけず、できる方法を追求し問題を解決する人材です。それならできそうと思いませんか。

つまり、組織や上司に忠実で、与えられた課題だけをいわれたとおりに真面目に遂行する犬ではありません。求められるのは自分で考え発想し行動する自立した人材です。

そのためには、ロジカルでクリティカルな思考力、デザイン・システム思考力、ディベート思考力、ブレインストーミング能力、プレゼンテーション能力などを身につけなくてはいけません。カタカナ言葉を使わずにいえば、論理的で、先生や偉い人の話を鵜呑《うの》みにしない批判的な思考力、創意工夫して新しいものを創り出す構想力、仲間と議論し話し合うなかで問題を解決していく力、自分の考えを正確かつ魅力的に伝える力、そして、民族・宗教・言語・文化を超えて多様な価値を否定せず、お互いに尊重し合う力です。それらがこれからの世界が求める人材の条件です。

犯人探しはもうやめよう

ところが、日本の現状はどうでしょうか。日本財団が2022年に行った「18歳意識調査」では日本が将来よくなると考えている人は15％にも満たないのです。さらに自分に個性があると答えた人は半分もいず、将来の夢をもっている人は6割弱、自分で国や社会を変えられると思っている人は3割に達しませんでした。

これを「主体性がないのは問題だ」「自己肯定感が低いのは問題だ」「もっと社会参画の意識を高めさせるべきだ」というのは簡単です。でも、この責任は大人たちにあります。ぼくも責任を感じています。

近年、教育や勉強に関する本が数多く出版されています。教育への関心が高まっているからでしょう。しかし、教育評論家やジャーナリストが書いた本の主張の多くは、子どもの学力の低下を問題視し、「こうなったのは先生が悪い」「文科省が悪い」「家庭でのしつけが悪い」と、その責任を一方的に決めつけるものばかりです。あるいは、教育実践者や子育てに〝成功〟したと自負している親による著書の多くは、自分が実践したことや体験したことを普遍化して証拠や検証を示すことなく、「自分がやったことが一番だ」という主張をくり返すばかりです。

けれども、犯人探しや自慢話には意味がありません。大切なのは、自分が何をするか、です。高校生なら自分のために、保護者や先生なら、

図表6 **各国の18歳が考える自分の国の将来**

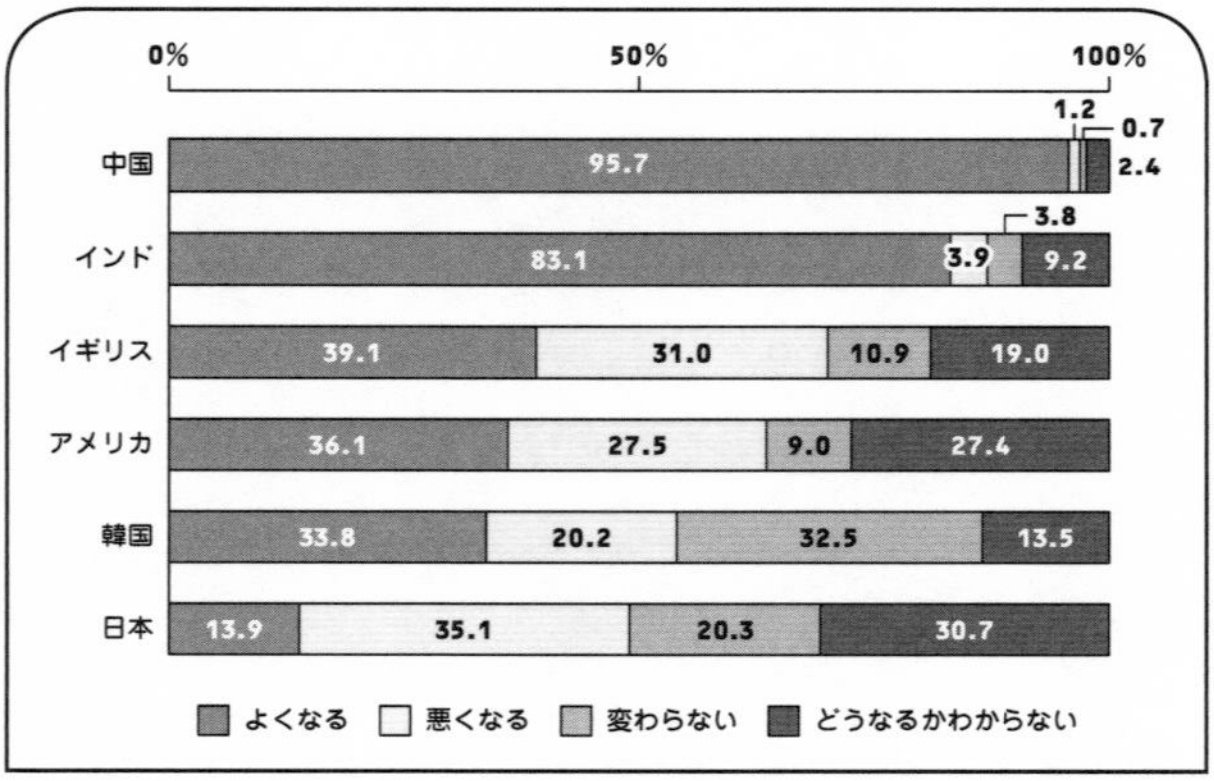

日本財団「18歳意識調査（第46回）」をもとに作成

子どものために何をすべきなのかを徹底的に考えることです。

親が「子どものためにいい学校に入れさせたい」と思い、子どもたちも将来のために「あの学校、あの大学に入りたい」と思うのは当然のことです。しかし、その根底には、「あの学校に入れば大丈夫」「あの会社に入れば大丈夫」という思いがあるはずです。つまり、〝人任せ〟です。有名な大学に合格したり、有名大学に合格者を数多く出している中学や高校に入学したり、予備校や進学塾のカリスマ教師を信じて勉強していれば、明るい未来が開けると勘違いしている「思考停止」状態です。日本の教育が悪くなったのは、そういった「人任せ」の「お客様意識」がはびこっているからです。ぼくが、

図表7　**各国の18歳が考える自分自身のこと**

(%)	自分には人に誇れる個性がある	将来の夢をもっている	社会が今後どのように変化するか楽しみである	自分の行動で、国や社会を変えられると思う
日本	47.9	59.6	54.0	26.9
アメリカ	74.0	82.1	75.6	58.5
イギリス	72.2	78.3	71.1	50.6
中国	74.2	84.7	85.6	70.9
韓国	68.9	81.5	72.3	61.5
インド	84.0	93.3	88.5	78.9

日本財団「18歳意識調査（第46回）」をもとに作成

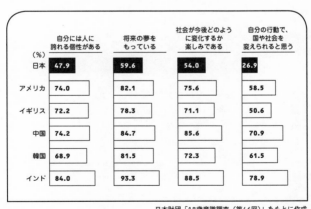

生徒たちに口うるさく言っている言葉を使うと、オーナーシップとパーパスの欠如です。それらの欠如は先生や教育関係者にもいえることです。

日本と世界のいいとこ取りが最適解

この章の最後に、ここまでの話を整理しておきましょう。ひと言でいえば、日本の社会が求める人材とそのための学校は、世界のそれとは大きなちがいがあるということです。

日本人や日本社会が優れているのは、人々の能力が均質化しているところです。日本では読み書きや計算ができない人はほとんどいません。また、人々のモラルが高いのも誇れることです。しかし、自由はあまりありません。いまの日本の学校では、模擬試験の成績のよい生徒は育てられますが、リサーチやクリティカルシンキングの力を身につけさせる教育はできません。生徒は議論もあまりできないし主体性もありません。そのような学校には多様性（ダイバーシティ）もありません。

なにより、いまの学校は生徒に失敗をさせてくれません。会社も同じではないでしょうか。若い人にとって失敗は非常に貴重な経験です。人は失敗から多くを学びます。生徒が将来社会に出たとき、円滑な人間関係を築けるようになるためにも、あるいは、組織の運営や意思決定に携る立場になったときに力を発揮できるようになるためにも、失敗は、本来、若いうちに経験しておくべきことなのです。

しかし、日本の学校はそれを嫌います。進路指導で、成功することがむずかしいような大きな目標をもった生徒や、他の生徒とはちがう夢や目標をもった生徒に、先生は「そんな進路選択したら、将来困るやろ」などと諭《さと》したりします。生徒が困るのか、自分の学校の進学実績が上がらないから困るのかどちらだかわからない状況になっているのです。そして、最後の切り札が「気合と根性」です。だから、がんばって大学受験に合格しても待っているのはバーンアウト、燃え尽き症候群です。失敗する可能性が少ない目標を立て、気合と根性でがんばり、達成すると燃え尽きてしまう。この構造は、社会に出ても同じです。

そもそも学校で身につけるべきなのは知識だけではありません。知識、スキル、マインドセットの3点セットです。自動車の運転を例にこの3つのちがいを説明しましょう。知識（ナレッジ）はある内容について知っている内容そのものです。自動車の運転でいえば交通ルールであったりハンドルなど自動車の操作方法などです。でもこれだけでは自動車の運転はできません。2つめのスキルは技能や技術です。実際にカーブを曲がったり加速したりする運転技術全般のことです。最後のマインドセットは思考や態度、心構えともいい換えることができますが、自動車の運転の例でいえば、交通安全を心掛けたり、自分の性格などを知ったうえで「こういうときはスピードを出しがちだから気をつけよう」と考えることです。

学校、教育というと「なんとか力」とよばれるような知識やスキルが中心と思われがちですが、そうではありません。その証拠に、海外の大学の試験では知識を問うペーパーテストは減る傾向にあります。

みなさんが悩む偏差値だってそうです。もちろん知識は必要ですが、海外の大学ではそれほど重視されません。偏差値はいわば社会の共同幻想のようなものです。たしかに、偏差値が〝人の優劣〟を測る指標として一定の役割を果たしていたのは事実です。偏差値はかぎられた時間のなかで測定される作業能力ですから、

図表8　**学校で身につけるべき3つのこと**

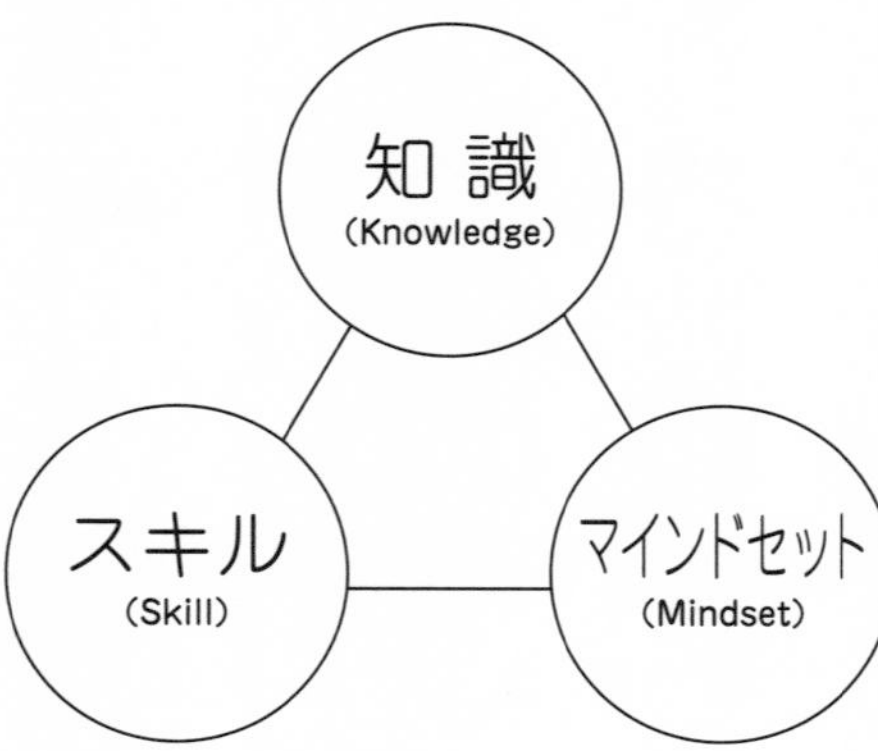

社会の成長のために均質な労働力を必要としていた時代には、高い偏差値は、労働力として優秀であることを意味しました。しかし、均質な労働力ではなく、社会や身のまわりの問題を解決する能力をもつ人材が求められるようになる未来の社会で、偏差値が高いことに意味はありません。

日本の学校はいまだに、自己主張や主体性がなく従順で均質化した、平均的な能力をもつ人材を育てようとしています。つまり、知識やスキル、偏差値の重視です。しかし、世界はちがいます。世界が求めるのは、主体性があり、自由でクリティカルシンキングができ、多様性があり、それを受け入れられるオープンマインドをもつ人材です。世界の学校は、そのような人材を育てようとしています。マインドセットを重視しているのです。そしてなにより、世界の学校では生徒や学

図表9　日本と海外の求める人材

	求める人材	そのための学校
日本	●いわれたことをやる ●忖度できる ●犬	●知識、リテラシー重視 ●どこに行っても均質な学校 ●偏差値で序列化 ●学費が安い
海外	●オーナーシップ ●オープンマインド ●グロース・マインドセット ●他者への貢献	●アカデミックスキル重視 ●自由度、主体性、多様性が高い ●パーパスに気づく ●ほったらかし、品質にブレ

生に、「自分は何者か」に気づかせようとします。

もう一つ、日本の学校に欠けているのは、生徒や先生の主体性とそれを育むための対話、対話を可能とする生徒と先生の人としての対等な関係、他者に大きな迷惑をかけないという前提の上で、生徒が「学校でなら、何に挑戦しても大丈夫」と思える心理的安全性です。

もちろん、海外の大学があらゆる点で優れているわけではありません。海外の学校には、学生の自由を重んじるあまり、卒業生の〝品質（平均的な能力）〟にばらつきがあるという欠点もあります。その点、偏差値を重視する日本の学校は卒業生の品質では優ります。やみくもに欧米や北欧の教育がいいというつもりはありません。

求められるのは、知識やスキルとともに、自主性、主体性といったマインドセットも重視し、生徒が安心してさまざまなことに挑戦できる学校です。つまり、日本と世界の「いいとこ取り」をするのが最適解なのです。

にもかかわらず、日本の学校は、日本の社会でしか生きていけない人材をつくろうとしています。さらに、いまだに多くの親たちは「東大に行ったら将来安泰」「あそこに就職したら大丈夫」といった時代錯誤の思考停止状態に陥ったままで、その価値観を子どもたちに押しつけようとしています。受験に何がどのくらい必要であるかも理解せず、子どもに受験勉強を強いる大人が大勢います。この点では、公立の学校も私立の学校も変わりはありません。御三家とよばれる東大にたくさん合格者を出すような学校でも同じです。東大でもハーバードでも同じですが、有名な大学に入れさえすればあとは大丈夫と思っていてはダメなのです。そんな〝常識〟は親からの呪い以外の何ものでもありません。

はっきりいいます。いまの日本の学校では21世紀の社会で生きていくために必要な力を身につけることはできないのです。

それが、ぼくが「学校はオワコンだ」と声を張り上げている理由です。

★いまの学校は、社会の変化に追いついていない「オワコン」。2050年を意識して、常識や思い込みに惑わされないようにしよう。

★これまでの学校は、忠犬ハチ公のような労働者を大量生産する「いわない」「いえない」「いわせない」組織。社会が大きく変わり、学校の役割が変わったことに気づこう。

★意識すべきは「２０５０年」。30年後の日本はメキシコやナイジェリアと同じ経済規模、つまり日本国内だけでは生きていけなくなることを理解しよう。

★これからの世界で生き抜くために必要なのは、自ら変化をつくり出し、社会全体をデザインできる人。日本と世界の教育のいいとこ取りが最適解。

第2章

ぼくがつくっている「ミライの学校」

第1章では、日本の学校がいかに「オワコン」なのか、そして日本と世界とでは求める人材像や学校がどのくらいちがうかを示し、そのうえで、どのような人材が求められているか、どのように学校をアップデートすべきか、その全体像をお話ししました。

第2章ではそのような状況を前提に、ぼくが校長として取り組んできている現在進行形の「ミライの学校」についてお話ししたいと思います。

1 普通の学校からでも海外に行ける

偏差値50、地域の4番手、どこにでもある普通の高校

2014年4月、ぼくは大阪府立箕面《みのお》高校の校長に就任しました。箕面高校は1963年創立の府立高校で普通科と国際教養科（現・グローバル科）があります。当時、箕面は河合塾の模擬試験の偏差値50の地域で4番手といういたって「普通」の高校でした。

就任してすぐに感じたのは、先生と生徒のあいだの距離が遠く、先生どうしの仲が悪いということでした。先生と生徒もお互いに無関心という最悪の関係でした。

職員室で交わされる先生たちの会話を聞いていて、それに気がつきました。信頼関係のある職場では、困っていることがあれば互いに相談することができるはずです。しかし、職員室で聞こえるのは受け持っている生徒の自慢話ばかりでした。「うちのクラスはみんな英検2級に

受かった」「うちの生徒は部活で全国大会に出るんだ」という具合です。こういう発言はすべて不安の裏返しです。

実はこれ、偏差値が真ん中くらいの中堅校にはよくあることです。生徒はある程度勉強はできるので、ほうっておいても自分で努力してそこそこの大学に進学していきます。だから、進学校のように、よりいい大学に進学させるために必死で生徒の尻を叩いたり、逆に、いわゆるしんどい学校のように、授業を成立させるために生徒一人ひとりの生活や精神状態に気配りをしなければならないといったことがないのです。就任1年目に一番驚いたのは、遅刻の数が年間で8000回を越えていたことです。

右手にコーヒー、左手にお菓子

就任当初、偏差値優等生をつくる学校システムを改め、どんなことでもいいから生徒がワクワクして一生懸命にチャレンジできる学校をつくろう、普通の公立学校でできれば日本の教育を変えることができると決意していました。しかし、いまの状況では生徒がチャレンジできる学校なんてできません。

いきなり方針をバン！と出すのではなく、まずは先生の困っていることを聞くことからはじめました。右手にコーヒー、左手にお菓子をもって、職員室やそれぞれの科目の準備室、生徒部や進路部といった分掌《ぶんしょう》の部屋に行って、「何かありませんか」「最近先生どうですか？」と話を聞くのです。職員会議ではまわりを気にして、考えていることをいえなくても、一対一なら話してくれるのではないか、そう考えたのです。

でも、最初はだれも話をしてくれませんでした。校長を「敵」だと考えている先生は少なくありません。校長と親しく話をしたら、他の先生から「校長側に寝返ったのか」といわれると思ったのでしょう。おまけに職員会議では「校長に問う！」「いかがなものかと思う！」「民間人校長に何がわかるんですか」と詰め寄られることもありました。

なにせ、先生たちは平均年齢53歳のベテラン集団。そこに36歳の若造が一人来たのですから、何をするのだろうと相当な不安があったと思います。

3周目でようやく話を聞いてくれる先生が登場しました。年配のやさしげな先生でした。「先生かわいそうやから、コーヒー飲まへんか」と、夜の9時くらいのほかにだれもいない時間に音楽準備室に通してくれました。それから少しずつ空気が変わりました。もしかしたら「あの若い新しい校長、悪い人やないで」と周囲の先生を説得してくれたのかもしれません。

校長はだれのために仕事するのか？

民間人校長の任期は3年で、延長しても最大5年です。のんびりしてはいられません。3年である程度結果を出さなければ「日本の教育を変える」という大きな目標も遠ざかります。

就任1年目に取り組んだのは、補習・補講や夏期講座などの受験対策の廃止と、土曜特別講座の開設です。それだけでものすごく苦労しました。補習や受験対策はするのが当たり前で、生徒のためだと信じているベテランの先生たちに大反対されたからです。

でも、ぼくはちがう考えでした。わけもわからず補習だ夏期講習だと生徒を追い立てて、宿題を山ほど出せば一時的に成績はあがります。しかし、それでは生徒たちは勉強がきらいになるだけでなく、自主性や主体性を失ってしまい、高校や大学を卒業してからも学習をつづける大人にはなりません。本来、学びは楽しいものです。夢や目標があり、そのために必要なことだとわかれば、生徒はほうっておいても勉強します。むずかしい言葉でいえば「内発的動機づけ」です。

補習は先生たちにも弊害を及ぼします。補習や受験対策で先生たちは疲れ果てていました。学校の先生の勤務状況はただでさえブラック企業並みです。ブラック企業とは、パワハラまがいの社員への締めつけやノルマが厳しいうえ、労働基準法を無視して山ほど残業させ、その残業代も支払わない会社のことです。いまの学校は、働く先生たちの側から見ると、そういう職場になっているのです。先生たちが日常業務で疲れ果ててやる気を失っている。そんな環境では生徒のチャレンジを後押しできるような、生き生きとした学校をつくるのは無理です。ですから、先生たちが元気を取り戻し、生徒と一緒にチャレンジできる学校にするためにも、先生たちの労働時間の短縮に取り組んだのです。

学校や学校の先生には「理由がない、意味がないけど、つづけているからやめられない仕事」というものがたくさんあります。先生たちに「これはなくしちゃだめなんですか?」ときいても「前からやってますから」としかいえない類《たぐい》のものです。たとえば、いまはほとんど使われないＦＡＸ。徐々に変わってきていますが、いまだに欠席の連絡をメールではなくＦＡＸでしか受けつけない学校もあります。また、定期テストは答案用紙に記述させないといけないという〝常識〟も根強く残っています。先生の採点の手間を考えてマークシートを導入しようとしたときに猛反発にあったことがあります。

そのような無駄な仕事や手間を少なくするために、先生たちには会議などことあるごとに、「まずは家族を大事にしましょう」

「自分や家族を幸せにできないと生徒を幸せにすることはできませんよ」

と伝えました。

また、夜遅くまで残業している先生方も多かったので、夜の9時を過ぎたらチャイムが壊れた際に使う緊急用の鐘をカンカンと鳴らしながら、

「いつも遅くまでありがとうございます」

「今日は何時まで残っていらっしゃるんですか」

と校内を歩き回り、一人一人に話しかけました。

職員会議で「校長に問う！」と反発されていた先生にも、

「先生、この前あんなふうにおっしゃっていましたけど、ほんまはどうなんですか？」

と、お菓子をもっていきながら話をすると、

「みんなの前ではあんなふうにいいましたが、ほんまはいらんと思ってるんです」

と、本音を話してくれるようになりました。そして、

「先生がいいっていうなら、みんな大丈夫やと思いますよ」と伝えると、

「そうかな……」となりました。

そんなようにして、先生たちと一対一で少しずつ話を聞いたうえで、職員会議では、

「最近みなさんとお話をしてわかりました。ここではいえないでしょうが、本当はしんどいようですね」

「あれはほんまはいらんという意見があったのですが、どうします？」

というういい方で先生たちの本音を引き出す努力をつづけました。そして、

「しんどかったら仕事を減らすしかないですが、ぼくが減らせといったら気分が悪いじゃないですか。だから、まずみなさんで議論しませんか」と、提案しました。

それでも、補習や夏期講座をなくしてしまったら、生徒の成績が下がったり、受験の結果が悪化するのではと不安に思う先生もいます。そんな不安を取り除くために、

「みなさんと一緒にチャレンジした結果は私が責任を取ります。だから安心してチャレンジしましょう」と話し、後押ししました。

結果、平均すると70時間近かった先生たちの残業時間が半分にまで減りました。このように、負担を減らしたことも、先生たちに認めてもらえた理由かもしれません。

生徒たちには、チャレンジすることと、いつでも校長室に来るように伝えました。

「みんなでチャレンジしよう。いろいろあると思うし、うまくいかないこともあるけど、一緒にがんばろう。でも、がんばっている友達を冷やかしたり足を引っ張ったりすることだけはし

ないで」

「新しいこともやるかもしれないけど、興味があったら校長室にいつでも遊びにきて」

このようにして、粘り強く先生や生徒たちの困っていることとやりたいことをマッチングさせることで、ぼくのつくりたい学校の姿やその理由を納得してもらいました。そして、少しずつ仲間が増えてきました。校長も先生も生徒も、志を同じにすれば仲間です。

学校を変えた土曜特別講座

補習や受験対策をやめるかわりにはじめたのが、土曜日の「英語力養成」のための特別講座でした。実はこの特別講座は、ぼくが提案した講座ではありません。校長就任直後に、教育委員会から箕面高校が大阪府の「骨太の英語力養成事業」の指定校に選定されたとの通達を受けました。前任の校長先生が指定校に応募していたということでした。

初耳です。指定校には年額60万円の予算が配分されるかわりに、「骨太の英語力」を養成するための特別講座の開設が義務づけられていたのです。教育委員会は「生徒にＴＯＥＦＬ《トーフル》を受けさせること」「海外の大学に進学する生徒を増やすこと」などを求めていました。箕面高校を除けば選ばれたのは北野高校や四條畷《しじょうなわて》高校、天王寺《てんのうじ》高校といった大阪では有名な進学校ばかりです。しかも、予算の執行計画作成の期限は5月末。つまり、5月末までに計画を立てて、1学期のうちに講座を開講しなさいという、アグレッシブなものでした。

学校の状況を把握するために、さっそく先生たちに聞き取りしましたが、それまで箕面高校では生徒にＴＯＥＦＬを受けさせたことも、卒業生を海外の大学に送り出した経験もありません。特別講座といっても自力では無理と判断し、外部に頼むことにしました。

いわゆる外注ですが、予算は月にわずか5万円。1回あたり1万円ちょっとです。それで、「生徒がＴＯＥＦＬで海外の大学に進学できる程度のスコアが取れるようにしてください」と要求するのは、それこそ無理ゲーです。できるわけないとみんなが思っていました。しかも箕面の先生の立場も考えずに校長のトップダウンで外部業者を入れては、先生たちも面子《めんつ》をつぶすし気分を害します。そこで、どんな講座にすれば、短期間でＴＯＥＦＬのスコアが上がるような本当の英語力を身につけさせることができるのか、作戦を考えました。

足りないのは英会話力じゃなくて思考力

日本の英語教育について、「グローバル化に対応した英語教育改革実施計画」という文部科学省の資料には、とてもダイナミックなことが書いてあります（図表10）。なんと、TOEFLの目標は57点です。目標というのは平均点ということだと思いますが、120点満点のTOEFLのテストでは、ある大手の調査では東大生でも平均点が45点、学校の英語の先生の平均は55点です。いったいだれが教えんねん、という話です。

しかし、TOEFLで出題される問題を分析すると、高スコアを取るための対策と同時に、日本の英語教育の問題点に気づきました。

TOEFLというのは、英語を母国語としない学生を対象に、アメリカの大学の授業についていけるかどうか、その能力を確かめるテストで、リーディング、リスニング、スピーキング、ライティングの4つのセクションで構成されています。配点はそれぞれ30点です（図表11）。

ずっと、ほとんど日本語しか聞いたことがないし、日本語しかしゃべったことがないからリスニングとスピーキングが苦手なのは仕方ないと思う人は多いでしょう。最近では文部科学省も実用的な英会話の授業に注力するよう学校を指導しています。でも、大事なのはそこではないのです。日本人がTOEFLのスピーキングセクションで高スコアが取れないのは、英会話力のせいだけではありません。

TOEFLのスピーキングセクションでは、意思決定の問題が出題されます。たとえば「リスクを冒しても新しいことやむずかしいことに挑戦するのと、リスクを回避して無難に生きるのと、どちらを選びますか。あなたの考えとその理由を述べなさい」とか、「外食と自炊のどちらが好きですか」というような問題です。

シンキングタイムは15秒。その後、45秒間、自分の考えを話し続けなければなりません。2秒以上黙っていたら0点です。さて、これ、英会話力だけの問題でしょうか。英会話が得意なら、この問題は楽勝だと思いますか。

まず、日本語でトライしてみてください。リスクを冒しても新しいことやむずかしいことに挑戦するか、リス

図表10　**文部科学省が求める新たな英語教育**

概　要

- 小学校に英語教育を導入
- 中高で授業を英語で実施
- 外国語指導助手（ALT）など外部人材を活用

目　標（高校）

- 新聞記事を速読して必要な情報を入手し、時事問題について発表
- 英検2級～準1級、TOEFL iBT57点程度以上

文科省「グローバル化に対応した英語教育改革実施計画」（2013年）より作成

クを回避して無難に生きるか、と突然質問されて、15秒だけ考えて、45秒間、自分の意見を話し続けることができますか。

ＴＯＥＦＬが確かめる、アメリカの大学の授業についていけるかどうかの能力は、読む・書く・聞くについては改めて説明するまでもありませんが、スピーキングでは英会話力だけが試されるのではありません。自分の意見や考えを素早く論理的に述べることができるか、即興力があるかどうかが試されるのです。

この問題、これまでの日本の学校教育では太刀打ちできません。日本の学校では生徒が先生の話を黙って聞くことを重視し、自分の考えを述べる訓練はほとんどしていないからです。もともと学生にかぎらず、日本人は自分の考えを述べることに慣れていません。好きな食べ物とか好きなタレントとか、差しさわりのないことならいくらでもおしゃべりしますが、政治や宗教とか人生観、思想信条など、微妙な問題についてはよほど信頼関係のある人としか話しません。意見の対立が予想されるような問題を、人間関係を壊すことなく、円満に話し合えるようなコミュニケーション能力を育ててこなかったからです。

つまり、スピーキングセクションが苦手なのは、英語力の問題ではないということです。足りないのは「思考力」「社会力」「即興力」。これにつきます。自分で考える力、それを論理的

図表11　**TOEFLテスト**

英語を母語としない人が大学の授業についていけるかを確認するテスト

リーディング
- 54〜72分
- 3〜4題（700語程度）の大学の教科書レベルの学術的な文章を読み、問題に答える

リスニング
- 41〜57分
- 2〜3題の日常会話と、3〜4題の大学の講義を聞き、問題に答える

スピーキング
- 17分、4題
- テーマに対して自分の意見を説明するものや、講義や会話を読む・聞くしたうえで要約するなど

ライティング
- 文章を読んだうえで講義を聞きその要約をするものと、テーマに沿って自分の意見をまとめるもの
- 2題で50分

たとえばこんな問題

スピーキング

❶問題を読む→❷15秒考える→❸45秒間話し続ける
❶読む・聞く→20〜30秒で整理→❸60秒説明し続ける
「オンライン学習のほうが、従来の教室で学ぶよりも効果的である。この主張に賛成か反対か、理由をあげて述べなさい」

ライティング

❶文章を読む→❷講義を聞く→❸20分150字以上で要約
❶問題文を読み→❷30分考え300字以上で執筆
「学生にとってアイデアや概念を理解するよりも、事実を学ぶほうが重要である。具体例な理由を踏まえ、この主張に賛成か反対かを述べなさい」

にわかりやすく他者に伝える力、他者との議論を通じて自分の考えや意見を深めたり高めたりする力、さらにいえば短時間で仮説を立ててそれを検証・改善する力です。

さらに、日本人は4技能のなかでライティングやリーディングは得意だといわれていますが、それも誤りです。海外で求められるライティングやリーディングでは分量の多い文章を要約して論理的に再構成する力です。これにもトレーニングが必要です。

思考力を高める、生徒とつくる授業

では、骨太の英語力を養成し、TOEFLのスコアをアップするために、どのような講座がいいのか。それは生徒と一緒につくる、思考力を育てるための授業です。

講師はベルリッツという英会話学校から派遣してもらいました。しかし、「TOEFLのスコアを上げるための授業をしてください」とは頼みませんでした。「アメリカの大学で行われる英語を母国語としない新入生用のプログラムのような授業を一緒につくりましょう」とお願いしました。内容は英語4割、思考力6割です。委託料は破格の安さでしたが、個別指導が中心だったベルリッツにも、マス授業のノウハウを研究できる、そして公立学校での実績が得られるというメリットがありました。そこで、「一緒につくりましょう」となったのです。つまり、共同開発という位置づけです。

日本の高校生は、精読は得意ですが速読ができません。短い英文は訳せても、長文を要約することができません。リスニングにしても、短い文章なら意味を理解できても、2つの文章を聞いて、何がちがうのかを指摘するといったことは苦手です。そのため、そのような能力を身につけるのに、長文を読んで要約したり、TOEFLで出題されるようなリスニングの素材を聞いて、2つの話の何がちがうか、瞬時に判断する訓練をくり返しました。

ベルリッツには完成度30％の授業をお願いしました。わざと、下手《へた》な授業をお願いしたのです。これも思考力を育てるためです。素晴らしいプログラムがあって完成度の高い授業をすると、生徒はアホになります。聞いているだけでよく、自分で考える必要がないからです。反対に授業が下手だと、不満をもったり腹を立てたりします。文句をいうためには、自分で考えて、改善点などの意見をいわなくてはいけません。それがねらいでした。

就任早々から準備を始めて、開講したのが5月末、1年生を対象とした毎週土曜日1時間のエキストラカリキュラムでした。強制ではなく希望者だけ受講します。40人が集まりました。

最初の授業で生徒たちに「授業はわざと下手につくっているから、変えてほしいことや、やってほしいこと、改善点を提案しなさい。これはみんなでつくっていく授業。最終的には自分たちで授業するのが目標だよ」と伝えました。

けれど、1回目の授業で講師に文句や意見をいう生徒は一人もいませんでした。講師はコップに半分くらいの水が入っている絵を示して、「このコップに入っている水は多いと思いますか、少ないと思いますか」と問いかけていました。一つのものに対していろいろな見方があって、正解はないんだということを伝える授業でしたが、生徒の様子はまさに「石」でした。意見どころか、うなずきさえしない、反応がない。話を聞いているのか聞いていないのかさえわかりません。そのくせ、授業が終わったら、「あの講師クソや」とか「いっこもおもろない」と、悪口だけは一人前です。生徒たちには「陰でいわんと、何でもええから、思ったこと講師の先生にいうてみ」と話しかけましたが、「そんなん、ほんまにいうてええの」と半信半疑で、最初のころは、なかなか生徒が授業づくりに参加するところまではいきませんでした。自分たちで授業をつくるという感覚が、よくわからないようでした。2回目の授業も同じ様子で、これでは仕方ないと思い、「ごめんなさい。授業が全然面白くないし、わかりにくいからやり方を変えてください」と講師に伝えた瞬間、教室の空気が凍りついたことをいまでも覚えています。

しかし、ねばり強く「君たちが授業の中心だ」と伝えることで1年後には、授業中に生徒が発表したり、「もっと話せるようになりたい」「(成績が上がった)あの子のようになるにはどうしたらいいの?」と意見が出たりするようになりました。また、英語以外の先生も見学に来るようになりました。そして、高校3年生になると、自分たちが中心となってＴＯＥＦＬの問題の説明をするまでに成長しました。すると、結果がついてきました。ＴＯＥＦＬのスコアも上がり、60点以上の生徒が半数を越えました。くり返しますが、東大生の平均点は45点です。

　こんなこともありました。あるとき、グループワークをしていて会話が止まり、空気も重く、議論が停滞していました。場の空気が悪くなるとたいていぼくが打開するのですが、そのときは先生たちがさっと出てきて、「やり方を変えましょう」となり、各グループ代表の生徒たちも集まってきて、先生と生徒が一緒に相談し「このままだとまずいから、グループ分けをやり直しましょう」となりました。そこから一気に流れが変わったのですが、その様子を見たときは本当に鳥肌が立ちました。

「骨太の英語力養成事業」の指定校に選定されたと知ったときは寝耳に水で、どうすんねん、と頭を抱えましたが、「人間万事《にんげんばんじ》塞翁《さいおう》が馬《うま》」です。何が幸いするかわかりません。土曜特別講座は、ぼくがめざした、生徒がチャレンジする学校づくりを実践する得がたい舞台となり、そこに参加した先生たち、生徒たちの真剣な取り組みが、学校を変えていく突破口になりました。

スーパー・イングリッシュ・ティーチャー登場

就任2年目には力強い援軍に恵まれました。スーパー・イングリッシュ・ティーチャー（SET）の先生です。大阪府教育委員会が骨太の英語力養成事業実施校に配置した帰国生の先生ですが、海外経験の豊富なとてもユニークな人でした。

ベルギー生まれで、マレーシアやオーストラリアで育ち、20歳になるまでに日本で暮らしたのは2年だけ。大人になって日本に帰ってきたので、多様なものの見方ができ、批判的に物事をとらえることができるうえ、日本人や日本の社会のいいところとよくないところを相対化できている人でした。彼は、国際経験は豊富ですが、裏を返せば日本での生活経験がほとんどありません。つまり、いい意味で、日本人としての常識を欠いている人でした。「あの人はネイティブじゃないし、問題児やから、日野田さん、なんとかしてや」という人もいました。しかし、それこそぼくが求めていた人材で、大当たりでした。

彼には国際教養科の1~2年生のTOEFL対応の授業を担当してもらいました。SETの授業といえば、日本語禁止が普通だと思われていました。でも、彼は1学期の間、基本的には英語を口にしませんでした。日本語でひたすら、生徒にクリティカル・シンキングとロジカル・シンキング、ノートテイキングなど、アカデミック・スキルを徹底的にたたき込みました。アカデミック・スキルというのは学問をするための技術です。そのねらいは、まさに土曜特別講座がめざしていたことと同じで、生徒たちの意識改革をうながすための大きな力となり、2年目の挑戦への力強い支えとなりました。

SETという同志を得た就任2年目の年には、オンライン英会話の導入、アメリカ・ボストンのマサチューセッツ工科大学（MIT）の起業家精神育成プログラムへの生徒派遣、国内〝キャンプ〟の開催などを実施しました。キャンプといってもバーベキューをするような野外活動ではありません。ハーバード大学などの学生たちを招待して、箕面高校で海外留学の疑似体験をしたのです。

オンライン英会話は、パソコンを使って外国にいる講師と一対一で英会話の授業を受けるプログラムです。英会話学校の支援を受けて、まずは国際教養科からスタートし、最終的には普通科でも希望者が受講できるようにしました。

このオンライン英会話は、生徒のモチベーションアップにつながりました。外国人の講師とフリートークすることで、話したい欲求に火がついたのです。一度火がつくと、生徒は勝手に勉強し始めます。高学年になると、単なる日常会話の練習では物足りなくなって、講師とディ

図表12　**アカデミックスキル**

ロジカルシンキング

課題や問題を分解し、要素ごとに掘り下げる

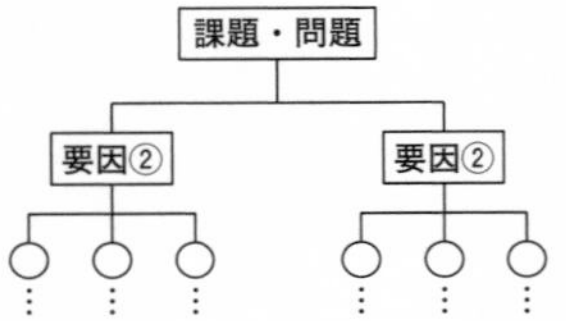

クリティカルシンキング

問いに対する結論に対して「なぜ？」で深掘りし、根拠を掘り下げる

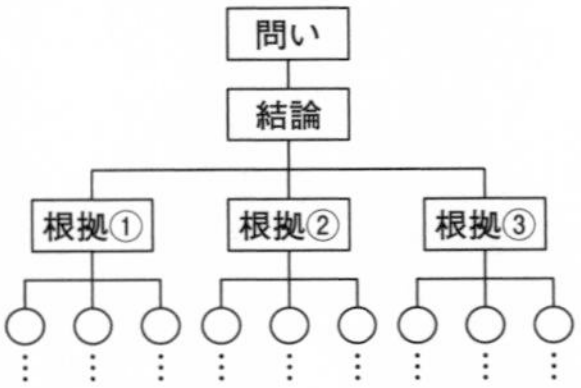

ノートテイキング

きれいなノート、板書の丸写しは不要。Tチャートなどで比較することも有効

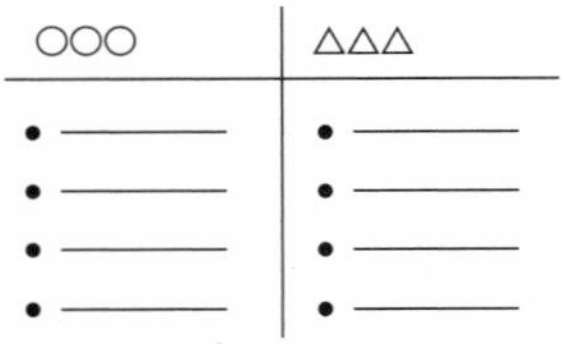

ブレインストーミング

批判しない、自由に発言する、質より量、連想と結合の４つの法則がある

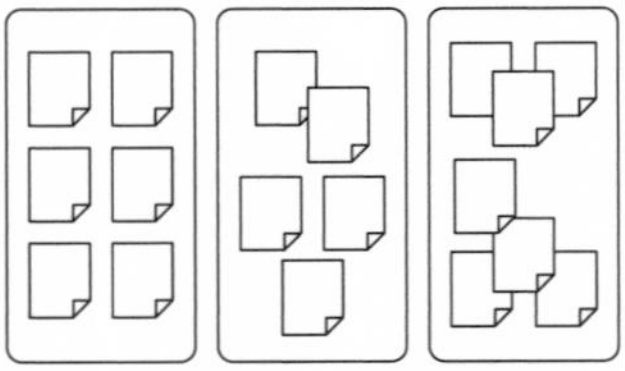

マインドマップ

テーマを中央に書き、そこから放射状に単語を枝分かれさせながら書く

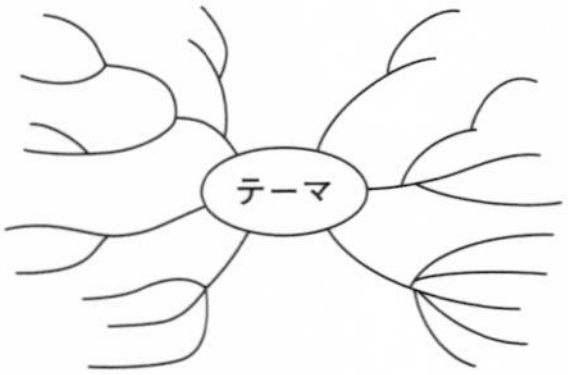

プレゼンテーション

Why？（ビジョン）→How？（方法）→What？（モノ、解決策）のゴールデンサークル理論を意識するとよい

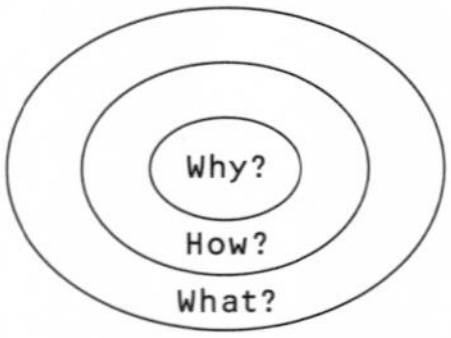

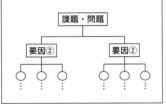

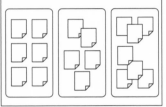

ベートする生徒も現れました。

世界のクレイジーに会いにボストンへ

次に行ったのがボストンでの起業家精神養成プログラムへの派遣です。これは生徒と先生のマインドを大きく変えた、箕面高校にとって大きな転機となりました。

それまで箕面高校では短期留学プログラムとして、夏休みにニュージーランドでの2週間のホームステイに生徒を送り出していました。費用は60万円で、2週間のホームステイ。それではなんの役にも立ちません。英会話スクールや異文化体験なら60万円も払わなくても、いくらでも日本でできます。

せっかく、60万円も払って短期留学するなら、実のあるものでなければもったいない。そう考えて、タクトピアという企業と提携してMITの起業家精神養成プログラムを日本の高校生向けにカスタマイズし、夏休みに生徒を派遣することにしました。英会話の訓練ではなく、英語で起業家精神（アントレプレナーシップ）を学び、自分なりのビジネスプランを考えるプログラムです。つまり、大切なことは、「英語を」学ぶことではなく「英語で」学ぶこと。英語が話せるようになることではなくて、グローバルな人間になることです。またアントレプレナーシップはなにも起業家になれというのではありません。社会の当時者として問題解決に取り組むのです。その手助けとなるのが実のある短期留学です。

厳しいプログラムでした。午前中は一流の起業家の講演を聞いて、午後はワークショップ。夕食後は課題に取り組みます。2日目からは、朝一番に、前日に学んだこと考えたことを30秒間で発表するピッチが課せられるので、その準備です。ピッチとは短時間で行うプレゼンテーション（プレゼン）のことです。プレゼンを聞くのは講師ですからもちろん英語です。2週間休みなしでそれをくり返すのです。

初年度の参加者は28人。みんな最初は「頭がパンクする」と泣きごとをいっていましたが、帰国するときには全員が目を輝かせていました。

午前中の講演は、若くて面白い起業家に話してもらいました。3Dプリンターを開発した人や、動力とCPUを内蔵したレゴでプログラミングして簡単なロボットをつくるレゴマインドストームの開発者もいました。ホームスクーリングだけで高校を卒業し、ハーバード大学に入った人もいました。彼はホームスクーリング用の教育ソフトをつくっていました。ボストンで起業している、そんな〝クレイジーな〟人たちの話を聞くことこそが、このプログラム最大

図表13　**ボストンへのプログラムの行程**

日程	場所	スケジュール
1日目	日本➡アメリカ	移動、オリエンテーション
2日目	ボストン市街	ボストン市街散策
3日目	ボストン市街	ベンチャー企業訪問、同世代交流など
4日目	MIT	起業家の講演＆ピッチ披露1 ワークショップ1「ペルソナ作成」
5日目	MIT	起業家の講演＆ピッチ披露2 ワークショップ2「商品の深掘り」
6日目	MIT	起業家の講演＆ピッチ披露3 ワークショップ3「顧客体験の具体化」
7日目	MIT	起業家の講演＆ピッチ披露4 ワークショップ4「プロトタイプ作成」
8日目	MIT	ピッチトレーニング、中間発表
9日目	タフツ大学	自由行動
10日目	ボストン市街	施設見学、同世代交流
11日目	MIT	ワークショップ5「収益」 ワークショップ6「アイデア再編」
12日目	MIT	ワークショップ7「チーム行動」
13日目	MIT	リハーサル、最終発表・振り返り
14〜15日目	アメリカ➡日本	移動

のミソです。彼らのパッションやパーパス、熱い思いに触れること、日本では恥ずかしいとされがちですが、世界を変えたいという思いを本気でもっている人の話を聞くことで、生徒たちの世界観は大きく変わったはずです。そこではどんなことでも質問することができ、そして与えられた課題に取り組み、それに対するアドバイスを聞くこともできます。しかも、すべて英語です。英会話スクールより、短期間で英語力はアップします。

クレイジーな人たちとの雑談も大事です。人を育てます。一人の生徒が講師に「なぜ、みんなそんなに頭がいいの?」とたずねました。すると、彼は「ちがうよ。頭がいいんじゃない。俺たちは世界で一番しつこいんだ。絶対にあきらめないんだ。何回失敗しても、最後までやり抜くんだ」と答えました。聞いていて、とてもうれしい思いでした。

こんなこともありました。ハーバードからバスで20分ほど行ったところに環境系のベンチャーが集まった施設があります。グリーンタウン・ラボというその場所はつぶれたスーパーマーケットを改装したインキュベーション施設で、着くなり生徒たちは質問をしまくります。そこに、口のまわりにスパゲティのソースをつけた怪しげな男性がやってきました。「おまえらどこから来たんだ?」ときくので、「日本です」と答えると、その男性は「そんなわけないだろ。日本人はこんなところにこない、おまえらチャイニーズだろ」というのです。

図表14　**ボストンで出会ったクレイジーなイノベーター**

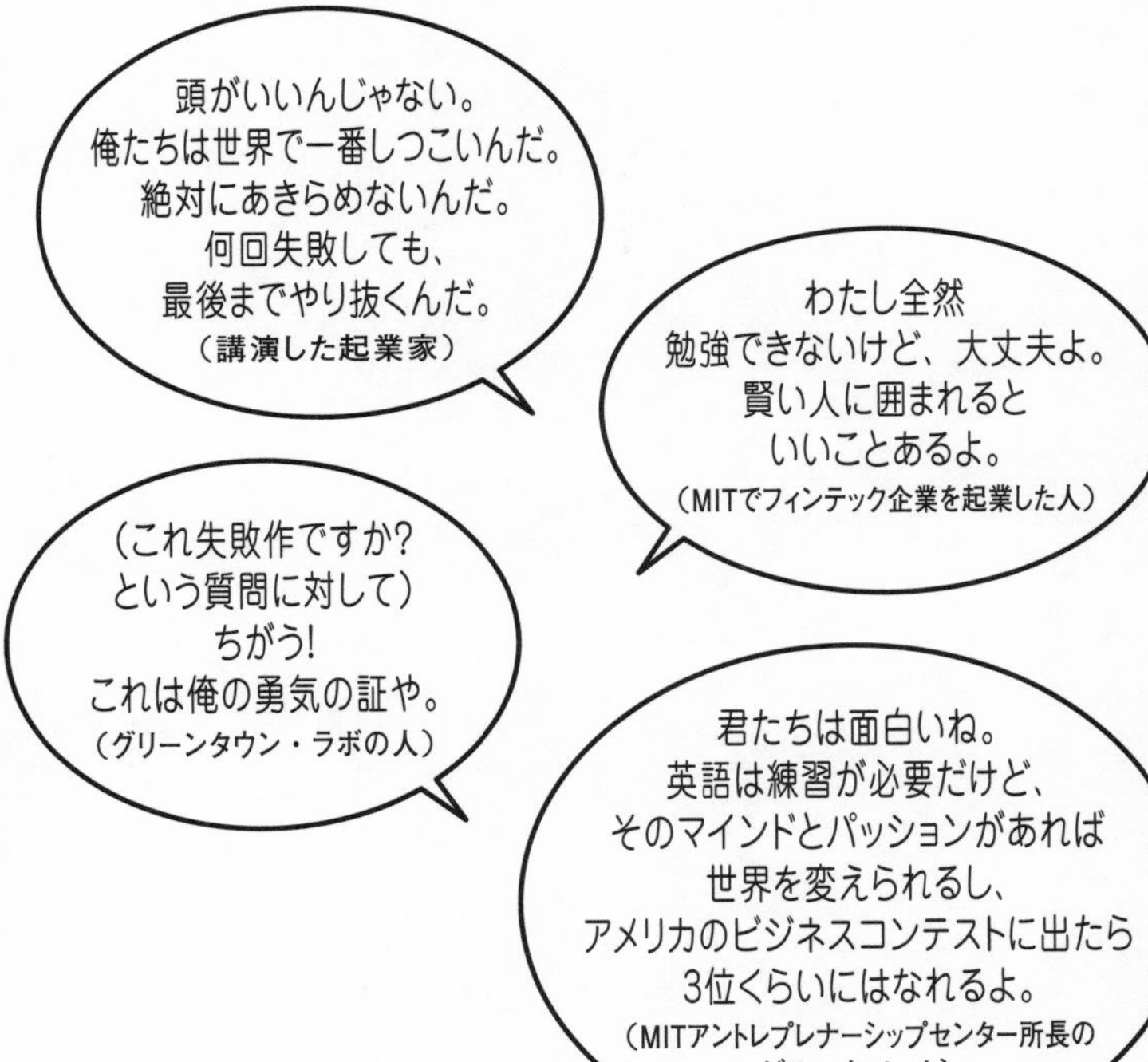
頭がいいんじゃない。
俺たちは世界で一番しつこいんだ。
絶対にあきらめないんだ。
何回失敗しても、
最後までやり抜くんだ。
（講演した起業家）
わたし全然
勉強できないけど、大丈夫よ。
賢い人に囲まれると
いいことあるよ。
（MITでフィンテック企業を起業した人）
（これ失敗作ですか?
という質問に対して）
ちがう!
これは俺の勇気の証や。
（グリーンタウン・ラボの人）
君たちは面白いね。
英語は練習が必要だけど、
そのマインドとパッションがあれば
世界を変えられるし、
アメリカのビジネスコンテストに出たら
3位くらいにはなれるよ。
（MITアントレプレナーシップセンター所長の
ビル・オーレット）

そこで日本の公立高校から来たこと、ボストンでアントレプレナーシップを養成するプログラムをやっていることを伝えると、普段は入れない研究施設のなかに入れてくれました。なんと、彼はそのラボの責任者だったのです。

「これを最近つくったんだ」

彼が大きな数珠《じゅず》のようなものを見せてくれました。電気もフロンガスも使わないでも冷える冷蔵庫の触媒を開発したというのです。

「なんでこんなのつくったの？」

生徒はここでも質問攻めです。

「インドで酪農をやっている友達がいるんだけど、インドの田舎は電気がよく止まるんだよ。せっかくしぼった牛乳が腐るって、困っているから、これをつくったんだ」

失敗作の試作品も見せてくれました。

「失敗作じゃない、これは俺の勇気の証《あかし》なんだ」

こうしたやり取りが、生徒を確かに育ててくれる。このプログラムは成功だと思いました。

衝突は真剣にやっている証拠

ボストンでの研修は「起業家精神養成プログラム」ですから、生徒に与えられる課題は、商品やサービスなどの起業のアイデアを考えて企画書をつくり、プレゼンテーションすることです。そこでは、生徒のアイデアについて、講師の人たちにも加わってもらいグループでブレインストーミングしたり、プレゼンテーションのノウハウを学んだりといったことをくり返します。一日の終わりには、グループの代表者が、その日一日の成果を発表し、そのプレゼンに対して、講師や生徒からの批判を受けます。他者からの批判に慣れていない日本人の彼らには、それもつらい時間だったと思います。しかも、それに加えて最終日に向けて自分たちのチームのビジネスプランを考え、プレゼンの準備をするのです。

議論はけんかのように激しくなることもありますが、気にせずに徹底的にやります。日本では、ぶつかり合うことを避けるのが普通なので、価値観をぶつけ合う体験がほとんどない生徒が、それを徹底してやるのです。相手の意見に遠慮してしまう生徒、逆に自分の主張が理解してもらえなくてイライラしてしまう生徒、そんな生徒たちには、

「衝突は悪くないんだ、むしろ真剣にやっている証拠だ」

「すべての人に満足してもらえるものをつくるのは正直無理。でも、少しでも多くの人がハッピーになれるものを提供することはできる」

と話しました。議論とけんかは別物です。終わったらお互いをリスペクトしてお菓子を食べて恨みっこなし。それを少し理解してもらえたのではないかと思います。

起業のアイデアをブラッシュアップするために、インタビューにも挑戦しました。MITやハーバードで、そこらへんをうろうろ歩いている学生や先生たちに突撃して、自分たちのアイデアを説明し、それに対する感想や意見をきくのです。もちろん、そのへんをうろうろしているのはみんなアメリカ人や他の国からやってきた留学生や研究者です。最初は尻込みしてましたが、くり返すうちに、恥ずかしさや躊躇《ちゅうちょ》はなくなり、どんどん積極的になっていきます。

そもそも、日本人は発音やアクセントを気にしすぎです。そこそこしゃべれるはずの人も、それを恥じてなかなか英語を口にできません。それはアメリカ人やイギリス人の英語しか知らないからです。世界で英語を話す人は18億人以上といわれています。日本ではアメリカ英語を習うことが多いのでそれが「標準語」と思いがちですが、いわゆる「なまりのない英語」を話す人はどれくらいいるでしょうか。インド、中東、タイ、韓国、それぞれの人が話す英語は母国語なまりです。ぼくは聞けば話しているのがどこの国の人なのか大体わかります。ぼくなんか、日本語も関西なまりですが、英語も東南アジアなまりです。でも、なにも問題ありません。通じれば、発音が下手でも、ちょっとぐらい文法がまちがっていてもいいんです。まず、話すこと、意思を伝えること、コミュニケーションをしようとすることが大切です。2週間のプログラムで、参加した全員がそのことを学んだと思います。英語を話すことに対する心構えが変わったのです。

最終日のプレゼンに向けて、生徒たちは時には明け方まで準備をし、先生たちもそれにつきあっていましたから、寝る間も惜しむような日々でした。ぼくも「そもそもそれは社会課題なの?」「その根拠は?」「この商品だれが使うの?」と厳しいアドバイスをしましたが、生徒たちは多くの人にフィードバックをもらい、プランをつくり上げました。

最終日のプレゼンにはアメリカのビジネスコンテストの審査員をする起業家もいました。「君たちは面白いね。英語は少し練習が必要だけど、そのマインドとパッションがあれば世界を変えられるし、アメリカのビジネスコンテストに出たら3位くらいにはなれるよ」とほめられたら、「自分もできる」と思うにちがいありません。実際、そんな「偉大な勘違い」をして、帰国後にぼくの知らないあいだに大学生に交じってビジネスコンテストに参加して、優勝をもぎとってきた生徒もいました。

ＭＩＴやハーバードが素晴らしいのは、ほんとにいろいろな国の人が世界中から集まっているところです。そして彼らは一人ひとりがまったくちがう意見をもっています。それをインタビューしてまわることで、生徒たちは自然と、多様な価値観やモノの見方に触れることができるのです。これ以上のフィードバックの経験はありません。

たった2万9800円でハーバード短期留学？

冬休みには国内キャンプを実施しました。きっかけは校長室を訪ねてきた生徒でした。

2週間のプログラムを終え、驚くほど成長して帰ってきた生徒たちは、周囲に強い影響を与えました。彼ら彼女らが語るボストンでの体験は、それを聞いたほかの生徒たちに強い刺激となったのです。

夏休みが終わり2学期を迎えたある日、一人の生徒が校長室を訪ねてきました。ボストンから帰ってきた友人にえらく刺激を受けた様子でした。

「でもな」と彼女はいいます。

「うちにはおカネがないねん。そやから、松竹梅のコースつくってや」

ボストンには行きたい。でも、60万円も払って短期留学できる余裕はない。だから、すしやうなぎみたいに、松60万、竹40万、梅3万のコースをつくれというのです。3万なら出せると。

「いくらなんでも、3万円でアメリカは無理やろ」

そう答えると、

「それを考えるのが校長の仕事ちゃうの」

と叱られました。

「最初から無理だ、できないと決めつけるな」と、就任以来ぼくは生徒にいいつづけてきました。その本人が「無理やろ」とあきらめたらあかん。「それを考えるのが校長の仕事」といいはなった彼女のひと言で、ぼくの心にも火がつきました。

そこで考えたのが、国内でのキャンプです。3万円で生徒をアメリカに連れていくのは無理でも、一人3万円ずつおカネを集めれば、10人ぐらいならアメリカの大学生を日本に招待することはできる。その学生たちにリーダーになってもらいワークショップなどのプログラムを実施すれば疑似留学体験ができる。そんな逆転の発想で国内キャンプを企画しました。

実施したのは翌年の1月で、招待したのはアメリカのハーバード大学やイギリスのロンドン大学などの大学生8人です。大学生たちには、「卒論をもってきたら、日本の高校生や教員にフィードバックしてもらえるから、きっとためになる」といって、参加をよびかけました。経費節約のため8人には保護者や先生たちの家にホームステイしてもらいました。参加した生徒は40人。参加費は2万9800円。3万円じゃないところが大阪です。

プログラムは、海外の有名大学のリベラルアーツ（教養科目）のワークショップを日本人高校生向けにカスタマイズしました。招待した学生の研究テーマをもとに、生徒が興味を示したものと参加者をマッチングさせて少人数のグループに分けます。グループごとに大学生が研究しているテーマや卒論の話を聞き、ブレインストーミングでテーマを掘り下げ、それをもとに各自で思考を整理してマインドマップをつくります。さらに生徒たちがリサーチしてレポートを作成し、最終的にプレゼンテーションするというプログラムです。それを3日でやりましたから、かなりハードでした。

ボストン留学組28人、国内キャンプ参加者40人。両方に参加した生徒もいましたからのべ60人以上がプログラムを経験しました。参加した生徒たちは、短期間で見違えるほど変化しました。まず、英語を話すことへの気後れがなくなりました。積極的に議論に参加し、自分の考えを発表することへの躊躇《ためらい》も吹っ飛びました。みんな元気になって挑戦を恐れないようになったのです。

60人というのは全校生徒の5％です。マーケティングの世界では5％が動き出すと全体が動くといわれます。つまり、5％のコアな消費者をつかめればその商品は大ヒットするということです。学校も同じでした。5％の生徒が変わることで、全体が動きはじめたのです。翌年からは、ボストンへの短期留学も国内キャンプ参加希望者もうなぎ上りに増えていきました。

ちなみに、「それを考えるのが校長の仕事」とぼくを叱ってくれた生徒は、もちろん国内キャンプに参加し、卒業後は国立大学に入学しました。

補習をやめても偏差値激伸び、36人が海外の大学に合格

就任3年目には、ぼくと一緒に箕面高校に入った生徒たちが3年生になりました。進路希望を調査すると、土曜特別講座や短期留学、国内キャンプの参加者を中心に、海外の大学への進学を希望する生徒が10人以上いることがわかりました。チャレンジする生徒が増えたのです。それがなによりうれしいことでした。しかし、喜んでばかりいられません。生徒のチャレンジを後押しするため、海外進学セミナーを実施し、進学のサポートをする態勢を整えました。海外進学というと、お金持ちがすることと思い込んでいる人がいまだに多いのですが、そんなこ

とありません。海外ではダイバーシティ（多様性）がはやりですから、珍しい国からの学生は歓迎されます。奨学金や授業料免除の制度も整備されています。要はパッション。やる気があるかないかです。パッションさえあれば、だれでも挑戦できます。

ところで、ぼくが就任当初に掲げた、補習補講、夏期講座、受験対策の廃止は、３年目にやっと全廃することができました。

図表15は就任３年後の一期生の成果です。海外の30大学に計36人が合格しました。当時の世界大学ランキングで33位のオーストラリア・メルボルン大学、60位の同シドニー大学とクイーンズランド大学にも合格者を出しました。ちなみにこの年の東大は39位、京大は91位です。一人で３校、４校に合格した生徒が多いので、実際に海外の大学に進学したのは８人です。

国内の難関大学への合格者も増えました。地域４番手の高校ではそうあることではありません。ぼくの出身校、同志社には70人が合格しました。それまでは20人前後でした。

ＴＯＥＦＬの成績も図表16上のとおりです。初年度にチャレンジした40人のスコアが、翌年には倍近くに伸びています。中央値が60点以上ですから、東大生の平均45点、学校の英語の先生の平均55点を軽く越えています。

生徒の模擬試験の偏差値も大幅にアップしました（図表16下）。就任前、進研模試の英語で偏

図表15　**平成29年度の箕面高校の合格実績**

大学名	世界ランキング	合格者数
メルボルン大学	世界33位	2名
シドニー大学	世界60位	3名
クイーンズランド大学	世界60位	1名
パデュー大学	世界70位	1名
モナシュ大学	世界74位	1名
ニューサウスウェールズ大学	世界78位	2名
アデレード大学	世界142位	1名
マサチューセッツ大学 アムハースト校	世界165位	1名
ノースイースタン大学	世界182位	1名
ルール大学 ボーフム	世界201-250位	1名
デュースブルク＝エッセン大学	世界201-250位	1名
フィリップス大学 マールブルク	世界251-300位	1名
ブレーメン大学	世界251-300位	1名
ウーロンゴン大学	世界251-300位	1名
グリフィス大学	世界251-300位	1名
ディーキン大学	世界251-300位	1名
大阪大学	世界251-300位	4名
サウスダコタ大学	世界351-400位	1名
ビクトリア大学	世界351-400位	2名
アメリカン大学	世界401-500位	1名
モンタナ大学	世界401-500位	1名
ロイヤルメルボルン工科大学	世界401-500位	2名
筑波大学	世界401-500位	1名
モンタナ州立大学	世界501-600位	1名
ハワイ・パシフィック大学	世界601-800位	1名
神戸大学	世界601-800位	2名
大阪市立大学	世界601-800位	3名
早稲田大学	世界601-800位	1名
大阪府立大学	世界801+	1名
ベミジー州立大学	世界801+	1名
マイノット州立大学	—	1名
レーゲンスブルク大学	—	1名
ザールラント大学	—	1名
上智大学	—	2名
国際教養大学	—	2名
ウェズリアン大学	全米9位	1名
グリンネルカレッジ	全米73位	1名
ミネルバ大学（日本の一条校初）	—	1名
海外大学計		36名

「箕面高校　平成29年度海外進学実績」より作成
※世界ランキングは「Times Higher Education2016-17」より
※全米ランキングは「Forbes AMERICA`S TOP COLLEGES2016」より

差値60以上の2年生は40人に届きませんでしたが、就任2年目は80人以上になりました。国語も数学も倍増しました。補習をやめても、受験対策をやめても、生徒の成績はアップしたのです。つまり、偏差値優等生を育てる教育をやめ、生徒がチャレンジできる環境をつくっていった結果、偏差値も上がり、海外の大学や国内の難関大学に合格する生徒が増えたのです。

ある海外の有名大学の入試課（アドミッション）の人から「日野田の教え子が欲しい」といわれ、奨学金も出すと説明会をしにわざわざ学校に来てくれたこともありました。ハーバードやMIT、ミネルバも来てくれたのに、進学説明会に来てくれなかった世界的な大学が一校あります。それは東大でした。

図表16　　**箕面高校の成果**

TOEFLの成果（1期生：40名）

TOEFL iBT Score	平成26年度	平成28年度
120－101	0	2
100－81	0	2
80－61	2	20
60－41	7	13
40－0	31	3

進研模試　偏差値60超（高1）（11月）

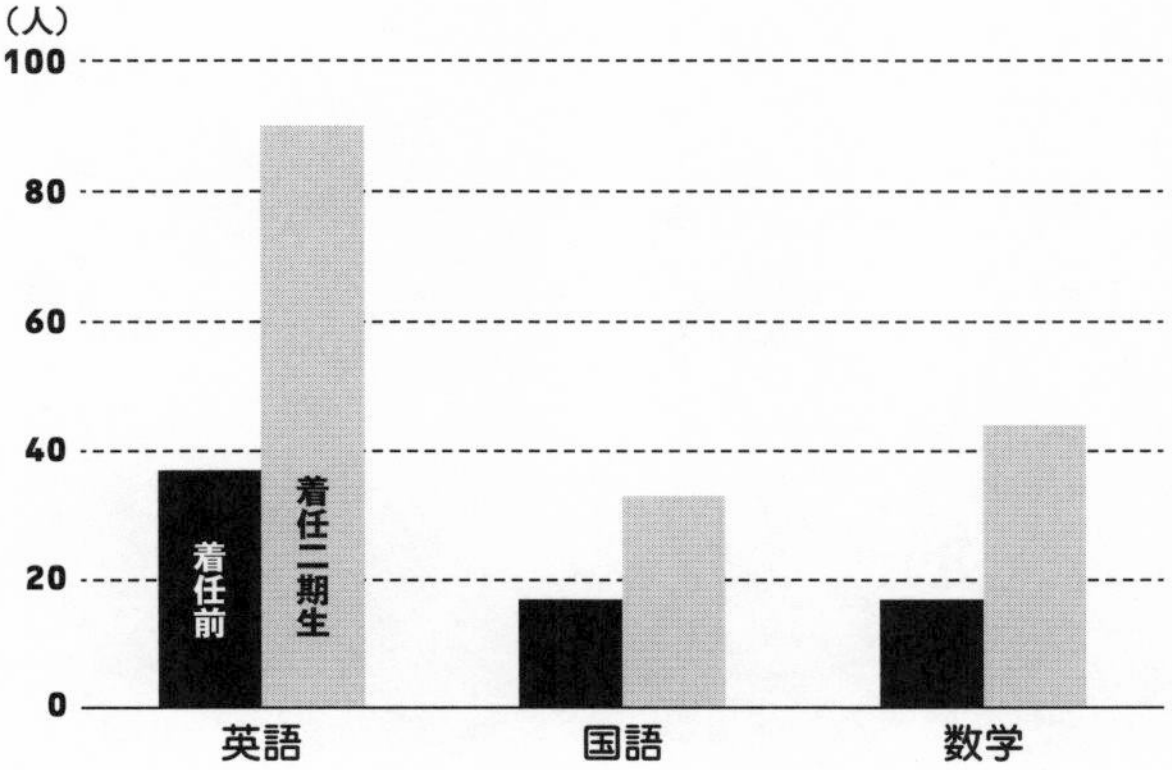

2 日本一失敗できる学校の秘密

経営不振、偏差値は「判定不能」

2018年3月に4年間勤めた箕面高校を退任し、東京の武蔵野大学中学校・高等学校の校長に就任しました。20年からは同じ学校法人の千代田高等学院の校長も兼務しました。いまは学園長という肩書ですが、やっていることは同じです。さらに22年からは千代田の中学を千代田国際中学として再開し、校長を務めています。

就任当時、武蔵野は中高合わせた生徒数は募集定員の35％で、単年度赤字2億円、累積赤字16億円、9年間で校長が5人も交代、中学入試の進学塾の出す偏差値は「判定不能」、つまり解答用紙に名前さえ書けば合格できるような状況でした。

もう一つの千代田高等学院は生徒数が募集定員の50％で単年度赤字が2億円、累積赤字は17

億円で、2017年からは中学校の募集を停止していました。どちらも少子化の波のなかで、女子校を共学化したものの、それもうまくいかず、相当な経営不振でした。

けれど、就任後、学校経営はV字回復しました。武蔵野は中等部も高等部も2020年度には定員以上の応募があり、それぞれ定員数の生徒が入学しました。単年度収益はそれぞれ4億円増加し、赤字は解消しました。就任前には年間200人ほどだった学校説明会への参加者が、年間のべ2万人を越えるようになりました。

そもそも、ぼくがそんな経営不振の学校に来たのは、「一番厳しいところで結果を出せばそれがロールモデルになる」と思ったからです。人口は未来予測に最適のツールですが、18歳人口を見ると、ベビーブームといわれたころの3分の1まで減っています。2020年の出生数が84万人ですから、2038年の18歳人口は84万人です。ちなみに2021年の

図表17　**着任時の武蔵野の状況（中高）**

単年度赤字　2億円
累積赤字　16億円
9年で校長が5名
偏差値なし、定員の35%

日本の年少人口（0～14歳）は1500万人。中国が2億4900万人、インドにいたっては3億5900万人。これではとうてい太刀打ちできません。

それなのに大学は増え続け、一方で私立中高の新規参入は認められず、さらには財務のわからない校長が多く、その結果、私立高校の半分は赤字、私学助成金という名の補助金が補充されているにもかかわらずです。このままでは近い将来「あなたの母校がなくなる日」が来るのは目に見えています。でも、「課題先進国」日本では当たり前です。企業も似たような状況ではないでしょうか。だから、「一番厳しそうなところで成功事例がつくりたい」と思ってここに来たのです。

図表18　**18歳人口の推移**

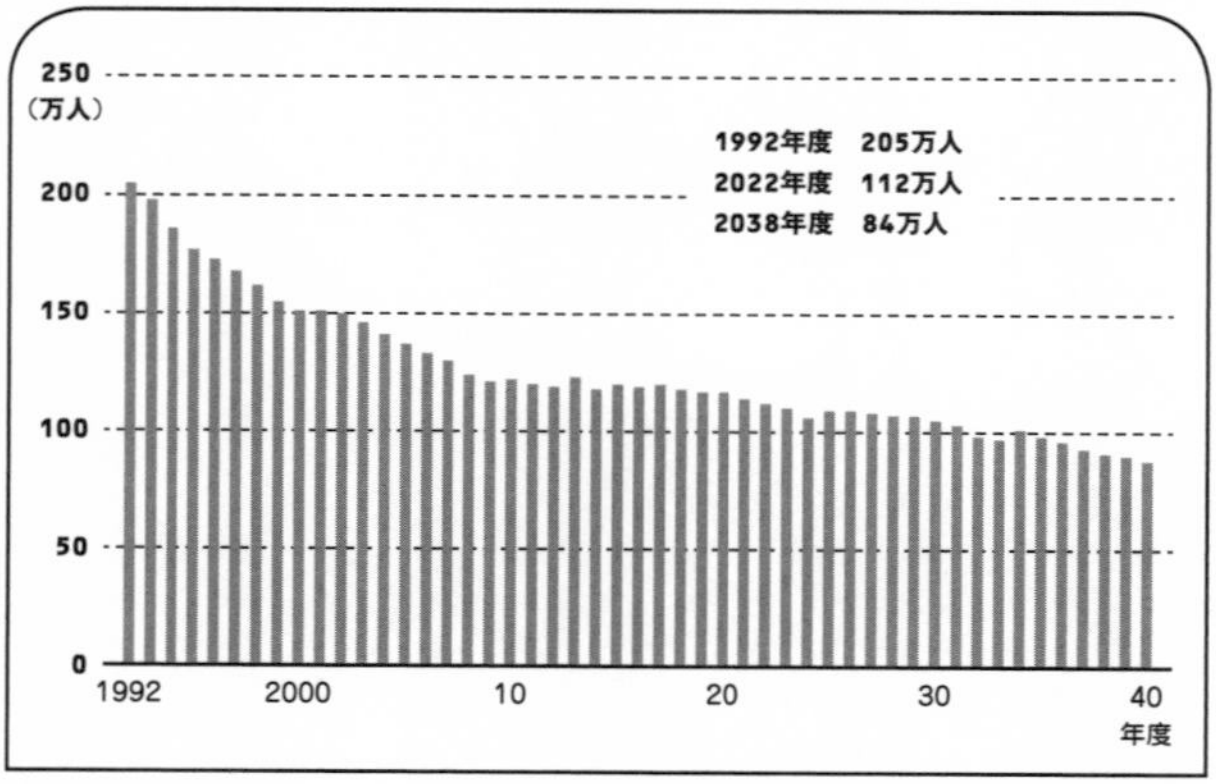

文部科学省「学校基本統計」などをもとに作成

先入観で決めつけず可能性を広げる

よく誤解されるのですが、海外の大学に進学するとか、有名大学に進学するとか、偏差値を上げるとかは、結果であり教育の目的ではありません。大切なのは、人生の選択肢の幅を広げることです。学校とは、本来はきっかけを与え可能性を広げる場所です。成績アップや進学・就職先を保証するのは塾や予備校がやることです。それなのに可能性の芽をつみ人生の選択肢を狭めてしまうのがいまの学校です。

大切なのは、「うちの学校は偏差値が低いから」「学校の成績が悪いから」「帰国生じゃないから」と決めつけず可能性を広げることです。選択肢の数は経験によって決まります。人は経験の幅でしか物事を考えられないからです。経験の幅を広げることが選択肢の幅を広げることにつながります。武蔵野でグローバル教育を行うのも、そのためであって、グローバル教育自体を目的としているわけではないのです。

ぼくが重視しているのは、先生にいわれたからではなく、生徒が主体的に、主人公となって何かにチャレンジして失敗することです。部活でも生徒会活動でもいいのです。自分でやってみる、何かに挑戦してみる。何事も経験することで、自分の人生の責任は、ほかのだれでもな

図表19　モチベーションアップのしくみ

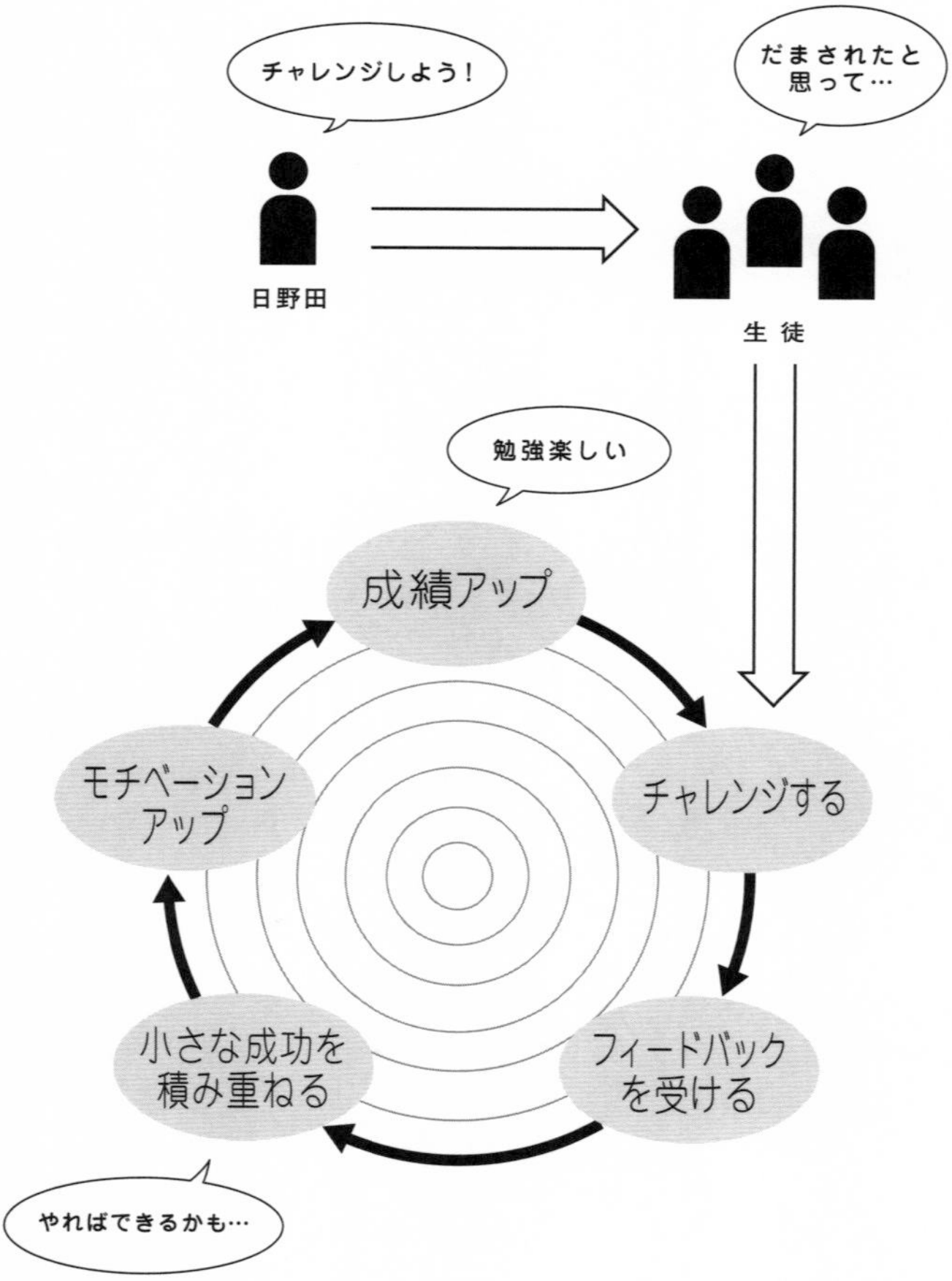

い自分自身が負っていることがわかります。それに気づきさえすれば、さまざまなことに対するモチベーションが上がり、進学を希望する生徒なら勝手に勉強するようになります。

だから、ぼくはうちの学校を「日本一失敗できる学校」「失敗しても大丈夫と応援し合える学校」だといっています。

校則を変えたかったら企画書をもってきなさい

最近は「ブラック校則」が社会問題化してきて、理不尽な校則は改めていこうといった動きが生まれてきていますが、ぼくの学校でも校則の改定に取り組んでいます。きっかけは、生徒たちの不満です。校則には、授業中に水を飲んではいけないとか、元女子校の名残で女子の髪型は三つ編みやおさげなど9種類しか認めないなどの決まりがいろいろとありました。

日ごろ生徒たちには、学校に不満があったり先生にいいたいことがあったりしたらいつでも校長室を訪ねて来なさいといっています。ある日、男女生徒7〜8人が校長室に乗り込んできました。

「先生、こんなくだらない校則、変えてください」

髪型が決められていること、アルバイトが禁止であること、そして男子生徒がやりたい部活動がないことなどへの不満でした。

内心では、元気な生徒が出てきたのがうれしくてしかたなかったのですが、ぼくは生徒たちにあえていいました。

「変えてくださいは、あかんやろ。校則を変えたいんやったら、企画書をもってきなさい。校則のどこがどのような理由でおかしいから、どういうふうに変えようって、自分たちで考えて提案しないと、変えてくれって文句をいってるだけでは変わらないよ」

つまり、校則がおかしい、いやだと思ったら、不平不満をぶつけるだけじゃなくて、自分たちが主体になって、校則を変える運動を起こさないとだめだということです。「校長先生、校則変えてください」といってるだけでは、いつまでも校則は変わりません。

校則というのは不思議な存在で、法律や条例で規定されているわけではありません。学校が伝統的、慣習的に定めているだけのものです。学校によってさまざまだと思いますが、ぼくの知るかぎり、校則を改定する手続きについての記述がどこにもないことが多く、だれがどのような権限と責任で校則を定めているのかはっきりしません。

だから、校長の権限で勝手に校則を改定することはできません。できるかもしれませんが、校長が勝手に改定することを正当化できる根拠はありません。また、生徒たちが望むような校則の改定には、一部の教員に猛烈な拒否反応があります。いまだに厳しい校則が生徒たちの生活の乱れを正すと信じている先生は多いのです。

ぼく個人は、校則というのは「学校というコミュニティを維持するためのルール」だと思っています。先生が生徒を縛るためのものではありません。憲法や法律が、日本というコミュニティを維持するためのルールであるのと同じです。だから、選挙で選ばれた国民の代表が合議で法律を決めるように、校則は、学校というコミュニティの一員である先生と生徒たちの合議で決めればよいと思うのです。

日本では法律は、違反者を罰するものというイメージが強いようですが、本来は、憲法に象徴されるように、社会の枠組みを定めるものです。最大公約数的な幸福を実現することが、法律の本来の目的です。校則も同じです。学校というコミュニティの枠組みを定め、構成員の幸せな学校生活を実現するのが、校則の役割のはずです。

校長室を訪ねてきた生徒たちの話を聞いてなるほどと思ったのは、校則に、たとえばなぜ髪型に決まりがあるのか、なぜスカートの長さに決まりがあるのか、納得できないから、その理由を知りたいという訴えでした。ぼくも「そやな」と思いました。ぼく自身も納得ができず、理由を説明できない決まりが沢山ありました。だから、自分たちで変えてみたらと、提案したのです。

校則の改定は、生徒会と有志の先生の間でまずは議論をするところから動きはじめました。先生も生徒もどちらも大もめで、けんか腰の活発な議論が戦わされています。生徒たちには、「多数決では決めないこと」「全体の7割方が満足し、3割は不満が残る」ぐらいの結論が落としどころだよとアドバイスしています。髪型については徐々に規定がなくなり、アルバイトについては、成績が半分より上の生徒は夏休みなどの長期休暇中にかぎり実験的に認められるなど、少しずつ変わってきています。これからどう動いていくかまだわかりませんが、大事なのは「自分たちが主体になって物事を動かす」ことです。

学校説明会を生徒がジャック

生徒たちの行動が原動力となったチャレンジは校則に留まりません。授業でも学校行事でも、不満があれば自分たちで変えなさいと、生徒にはいいつづけています。ただし、批判や悪口で終わっては何も変わりません。生徒には「文句があるならプランをもってこい」といっています。授業が面白くないというなら、どうすれば授業が面白くなるのか、生徒がプランを提出する。プランが出てきたら、それをぼくが先生に橋渡しします。先生にとっても、生徒からのフィードバックを受けることは、指導のスキルを上げるのに非常に役に立ちます。自分では思いもしなかった気づきが生まれたりもします。1年生のホームルームでは、全員が企画書が書けるようになるために、企画書の書き方の授業をしています。ポイントは、資料を1枚の紙にまとめること、全体像がわかるようにすること、そして自分が伝えたいことだけを書くのではなく、読む人の気持ちや立場も考えることです。

武蔵野では学校説明会で生徒がプレゼンテーションするようになりました。これも、生徒の〝文句〟がきっかけです。あるとき活動的な生徒に学校説明会を見学することをすすめました。見学した生徒は、

「こんな説明会では、学校の魅力が伝わらないから、生徒は集まらない」

「なおさんの話はいつもワンパターンだからあきた」

といいます。ちなみに、校長室の常連の生徒たちは、ぼくのことを「なおさん」とよんでいます。そこまでいうなら、「ほな、自分でやってみぃ」「好きにしゃべっていいよ。ただし、君たちの後輩に来てもらうためのことだから、君ら自身や学校の看板を傷つけることはやめよう。

でも嘘はつかなくていい、あかんことも全部いっていいから」と伝え、生徒が説明会で学校の魅力をプレゼンする時間を設けました。

実際に説明会では、生徒たちは学校のいいことだけでなく、悪いことも全部話してくれました。校則を変えきれていないことや、インターネット上で「思っていたのとちがう」「伝統にとらわれすぎ」「建物がしょぼい」など批判の声が上がっていることなども伝えています。

印象に残っているのは、生徒が学校への批判を正直に伝えたあとで、「ツイッターと同じでアホな奴にかぎって悪口を書くけど、そんなに悪いところじゃないです」と、学校への思いを話してくれた姿です。ぼくが声を張り上げて学校の魅力を伝えるより、よほど学校の真実が伝わったのではないでしょうか。

もちろん、最初からうまくはいきません。失敗もあります。資料が間に合わない、緊張してうまく話せない、決められた時間内に終わらない……。でも、それでよいのです。失敗することで、生徒たちは批判するのは簡単だけれど、やってみると思ったよりずっとむずかしいと気づきます。生徒にとっては失敗のプレゼンでも、学校説明会に生徒が出てきて失敗している姿は、学校の魅力を入学希望者やその保護者に十二分に伝えてくれています。

定期テストはなんのため？

ぼくがかつて高校3年生の日本史の授業を担当していたときのことです。ある日、定期テストの問題を授業中に生徒と一緒に考えました。

「どんな問題がいいと思う？」

定期テスト前の授業で、ぼくは生徒にそのように問いかけました。なんのためにテストがあるかを理解させるためです。

「3年生が日本史を履修するのは、大学受験の受験科目だからだよね。そのための力をつけるんだよね」

それを確認してから、作戦会議です。一問一答の問題はどのくらい出題するか。理解を問う論述式の問題はどのくらいの比率がよいか。平均点はどのくらいを想定するか。定期テストの前の授業中の小テストはどのくらいの頻度で必要か……。テストの範囲は明治期から大正デモクラシーまででした。最終的にはセンター試験（共通テスト）が目標でしたから、センター試験で問われるような下関条約とポーツマス条約のちがいといった全体構造を問う問題や、「帝国主義を説明せよ」という論述問題を出すことにしました。結果は平均点が65点でした。「どういうふうに問題をつくるのか」「どこが間違いやすいポイントか」といったことを考えることにもつながりました。

テストは、生徒を試すためのものではありません。生徒に力をつけさせるため、生徒の達成度を確認するためのものです。ですから、生徒と相談して問題をつくることになんの不都合もありません。問題作成に参加することで、受け身ではなく、生徒自身が自分が力をつけるためのテストになります。

極論をいえば、生徒と話し合い、生徒が定期テストは必要ないと主張し、その主張が納得のいくものだったら、テストはしません。それでよいと思っています。経験的に、定期的にテストをしたほうが力がつくとわかっているので、実施しているだけです。生徒に勉強を強いる脅迫の手段としてテストをしても、非効率です。もちろん「テストをやめれば成績が上がる」といった短絡的な話でもありません。テストの目的を生徒と共有し、そのテストに備えることでどのような力がついて、それがどのような結果につながるのかというストーリーを伝えれば、生徒のモチベーションは上がります。

コロナ禍で企画書が飛び交う学校

どの学校もそうでしょうが、2020年以降のコロナ禍で学校生活は深刻なダメージを受けました。授業の一部はリモートになり、学校行事は中止や延期を余儀なくされました。もちろん、生徒には不満がたまります。ですが、うちの学校では生徒の不満は学校活性化のチャンスです。「不満があれば、自分たちで変えていく」というマインドをもった生徒が大勢いるからです。企画書の嵐が吹きまくりました。校長室には、休み時間、放課後はいつも生徒が集まってきます。さしずめ「第二の保健室」です。

2020年は千代田では文化祭を中止しましたが、21年には千代田も武蔵野も文化祭を実施しました。ぼくは生徒にけしかけられて「ミニオンズ」の仮装をしました。ミニオンズの着ぐるみを着て、ミニオンズの大好物であるバナナを食べました。生徒に「なおさん、日ごろの感謝の気持ちを表してお土産をもってきました」といって渡されたバナナです。密を避けるために、オンラインを多用した文化祭でしたが、ぼくのミニオンズもオンラインで全校生徒に配信されました。

サマーキャンプをしたいという生徒たちもいました。もちろん生徒には企画書を出してもらいました。コロナでボストンなど海外でのプログラムが実施できず、また、海外から大学生をよぶこともできなかったため、海外への進学が決まっていたり、留学先から一時帰国したりしたぼくの教え子たちに手伝ってもらいました。ファシリテーターとしてワークショップに入ってもらい、自分たちの経験を伝えながら、エッセイやブレストを一緒になって考えてくれました。

また、コロナで体育祭ができなかったので、せめてダンスだけでもやりたいと立ち上がった生徒たちもいました。武蔵野は2020年に共学となりましたが、3年生は伝統的に滝廉太郎《たきれんたろう》の「荒城《こうじょう》の月」を踊っていました。しかし、2022年に高校を卒業した生徒はコロナに振り回されて、みんなで何かに打ちこんだという思い出があまりありません。しかも女子校として最後の学年。そこで、生徒たちで意見をまとめ、保護者の見学もできなかったので、生徒会のあまった予算などを活用して、撮影会社に頼んでドローンを飛ばして撮影したカッコいい映像を保護者にも見てもらえるようにしました。

自分に気づくワークショップ

武蔵野と千代田では定期的にワークショップを行っています。ワークショップというのは、小グループでさまざまな課題に取り組むプログラムです。たとえば、「価値観のワークショップ」では、愛、平和、挑戦、冒険、正義、思いやり……といった価値観に関連するキーワードを100〜200語提示し、まず、そのなかから自分が大切にしている価値観を10語ずつ選ぶところから始めます。次に、なぜそれを大切にしているのか理由を述べ、それについてグループで議論します。そして最終的には、議論をふまえ、各自が3つのキーワードを選びます。グループとしてとくに大切にしている価値観を選ぶというわけではありません。議論をとおして、各自が大切にしている価値観とその理由を互いに理解し合うことで、他者と自分とのちがいを知り、それを前提にお互いの価値観を認め合う姿勢を学ぶのがねらいです。

「紙飛行機を飛ばす」ワークショップがあります。これはスタンフォード大学のDスクールとよばれる教育機関で実施されているワークショップです。Dスクールというのは、学生のデザイン思考を高めるための講座でスタンフォードの学生ならだれでも登録できます。

一つのグループは3人から5人。課題は「3メートル以上飛ぶ紙飛行機をたくさんつくる」

図表20　**価値観のワークショップ（例）**

① **以下のなかから大切だと思うキーワードを3つ選ぶ**

経験	知識	名声	役に立つ	希少性
自信	導く	クオリティ	信頼	概念
楽しさ	称賛	達成	責任	表現
成功	忍耐	公正	スピード	冒険
持続力	野心	正確性	成長	伝統
No.1	ありのまま	個性	興奮	自己表現
努力	発見	分析	つながり	改革
協力	ユーモア	直観	主張	楽観性
安全	目標	正義	エネルギー	親切
サポート	寛大	競争	共感	客観性
本質	思いやり	率直	挑戦	豊かさ
精通	熱意	秩序	リスク	安定
美意識	良心	原則	役割	臨機応変
ルール	影響力	成果	平穏	一緒にいる
完璧	観察	計画	集中	人間関係
平和	可能性	関わる	美学	コミュニケーション
学ぶ	創造性	勇気	義務	愛情
自由	貢献	リラックス	自立	知性
与える	忠誠	協調	自分らしさ	感動
前進	正直	新しさ	効率	デザインする

② **選んだ3つを、選んだ理由やまつわるエピソードとともにほかの人にシェアする**

③ **自分の発表やほかの人の話を聞いて感じたことを振り返る**

ことです。条件は、①A４の紙を４つに切り、その紙で紙飛行機をつくる、②一人が紙を折るのは1機につき1回、③飛行機を飛ばすのは1回、④作戦会議1分、テスト飛行時間3分、以上です。そして、３メートル以上飛んだ飛行機の数、飛ばなかった飛行機の数、切ったけれど紙飛行機は折っていない紙の枚数をそれぞれ記録します。

このワークショップでは、いろんなことが起こります。まず、会議好きな人が多いグループでは、議論するばかりでいつまでたっても紙飛行機が飛びません。作戦会議とテスト飛行を1クールとして、３クールやっても一機も飛ばせないグループは珍しくありません。たくさん飛ばすチームは、だれかが試作品をつくり、他の人はそれを真似してさっさと飛ばします。紙を3回折れば、紙飛行機はつくれます。世界記録はアメリカの小学5年生のグループで50機だそうです。

面白いのは、たくさんチームをつくるとそれぞれが競《きそ》い合い、互いの紙飛行機の折り方や作戦を隠すことです。課題は「たくさん飛ばす」ことで、競争ではありません。ほかのチームのアイデアをまねたりカンニングも禁止されていません。にもかかわらず、大半が競争と理解しカンニングは禁止と思い込んでいます。協力して、たくさん飛ばしているチームの紙飛行機の折り方を参考にすれば、「たくさん飛ばす」ことができるのに、それができません。実は、それに気づくことが、このワークショップのキモなのです。

会議好きなのは、失敗したくないからです。失敗してもいいから、いろいろつくってみて、そのなかから飛ぶ紙飛行機を選べばいいのに、最初から、失敗しない飛ぶ紙飛行機のつくり方を議論してしまうのです。けれど、議論していても紙飛行機は飛びません。ワークショップをとおして、参加者はそのことを学ぶのです。議論では声の大きな人がリーダーシップを発揮しますが、紙飛行機は議論ではなく、手を動かすことが重要で、黙々と手を動かす生徒がいつの間にかグループのリーダー役を果たしていたりします。

このように、ワークショップには、生徒どうしが互いの特徴や長所に気づいたり、それぞれの能力が高められていったりするという効果があります。

部活の新設を相談してきた生徒たちに伝えたこと

あるとき武蔵野の中1の男子生徒数人が、「サッカー部をつくってほしい」と校長室にやってきました。もちろん、「ざっくり、完成度が低くてもいいからまずはプランとしてまとめてきてね」と相談には乗りました。しかし、このときは生徒たちに別のことを伝えました。

「企画書をつくったら見るし、相談にも乗るけど、最終的には生徒指導部にもっていくように。ぼくに通してくれっていうのは反則だよ。ちゃんと議論を深めて、筋はとおさないとダメだよ」

生徒たちに要望は生徒指導部に伝えるように助言したのは、校長に直談判したらなんでも問題解決できると勘違いしてしまうことを防ぐためです。きちんとした手続きを経ないで、頭越しに問題を解決することを覚えてしまうと、あとで大変なことになってしまいます。ぼくにもってきたからといって解決するわけではないし、ぼくにもってくることでますます厳しくなる側面もあります。そのことを伝えました。

部や同好会として正式に認められると、生徒会予算、つまりお金が割り振られます。そのことを説明し、部費はいくらにするのか、練習場や道具にいくらかかるのかといった予算のことや、ユニフォームをつくるときには業者さんとの打ち合わせをしなければならないことなども伝えました。

顧問を引き受けてくれる先生も必要です。ぼくが引き受けてやりたいところですが、忙しすぎてそうもいきません。顧問は引き受けられないと伝えると、ほどなく、サッカーの強い学校でサッカー経験のある先生を見つけてきて、顧問を引き受けてもらっていました。生徒たちの情熱が実り、生徒指導部の承認を得て、サッカー同好会は6人で無事スタートしました。

一方で、2022年からリニューアルした千代田の中学（千代田国際中学）では部活動を廃止しました。日本の部活動ではやり直しができません。一度入部してやめたら〝途中でやめた人〟というレッテルを貼られてしまいます。そうではなく、もっと柔軟にスポーツや文化活動を楽しんでもらいたい。そう思い、プログラミングとバスケットボール、ダンス、英語の4つを部活動ではなく、習い事のような位置づけにしました。学校は場を提供するだけで、先生たちは活動にかかわりません。また、参加も任意にして、季節ごとに変えることもできます。

これはアメリカなどを参考にしたものです。バスケットボールで神様とされたマイケル・ジョーダンという選手がいました。彼はずっと野球をやっていました。鳴かず飛ばずの選手でしたが、高校3年生の冬に友人のひと言でバスケットをやりはじめ、世界的な選手になりました。学校の部活動は本来、アクティビティです。いろいろなものに出合うことから気づきが生まれます。子どものうちから専門化するのはおかしいのです。

日本一失敗できる学校はみんなでつくる学校

ところで、校則を変えようと動いている生徒も、学校説明会やワークショップに積極的に参加している生徒も、その多くは、ボストンへの短期留学や国内キャンプに参加しています。そして、その彼らの活動を後押ししてくれているのは、ボストンやサマーキャンプを引率した先生たちです。みんな受け身ではなく当時者として向き合っています。

受け身になると「こんなはずじゃなかった」となります。だからぼくは学校説明会で、

「うちは何も約束できません。ただ、問題があれば一緒に解決することはできます」

「本校はクレームはなしでお願いします。そのかわりプランを出してもらったら一緒にやりましょう」

と伝えています。

生徒たちが授業改善提案書をもってきたことがありました。英語のライティングの授業改善案でした。担当はベテランの女性教員で、人柄は素晴らしいのですが、正直いって、授業は教科書を読んでいるだけでした。

授業改善提案書だと聞いたときには、不満が述べられているだけと思ったのですが、読んでみると、提案は先生への要望だけではありませんでした。自分たちが授業に参加できていないところに問題がある、という指摘がありました。先生は講義をするだけではなく、生徒に作業をさせて、そのあとにワンポイントでアドバイスをしてください、そうすればぼくたちはフル

パワーでやります、と書いてありました。不平不満をいうのでなく、授業のデザイン案を示し、先生と生徒の役割が明確に書かれていました。

ベテランの先生にしてみれば、生徒から突き付けられた授業改善案など気持ちのいいものではなかったでしょうが、先生は提案を受け入れ、授業を改善してくれました。

新しい授業のあと、その先生が「教員生活30年目にしてはじめて、顔を上げて授業に参加している生徒を見ることができました」と、驚いた表情で話されていたことが、とても印象に残っています。

くり返しになりますが、ぼくがつくろうとしている「ミライの学校」は、生徒も先生も、失敗を恐れず、チャレンジできる「みんなでつくる学校」です。学校の主役は生徒です。肝腎なのは、チャレンジできる学校というコンセプトに共感し、一緒にチャレンジしてくれる仲間を増やしていくことです。短期留学や国内キャンプは、その仲間を増やす絶好の機会となっています。その経験にインスパイアされた生徒や先生たちが、チャレンジを恐れないマインドを身につけ、さまざまな場面で、学校を活気づけてくれているのです。その結果が、学校経営のV字回復だと思っています。

★日本人が英語をできないのは英会話力の問題だけではない。自分の意見や考えを素早く論理的にいえるかなど、「思考力」「社会力」が足りないから。

★偏差値が低くても問題ない。大切なのは人生の選択肢の幅を広げること。主体的に、人生の主人公となってチャレンジして失敗することで、さまざまなことへのモチベーションが上がる。

★「不満があれば、自分たちで変えていく」マインドがあれば、失敗を恐れずチャレンジできる「みんなでつくる学校」になる。

第3章

帰国生、校長になる

第2章でご紹介したような箕面や武蔵野で取り組んできたことをお話しすると「結局日野田さんだからできたんでしょ」「帰国生だからできたんでしょ」とよくいわれます。でも、簡単にできたのではありません。伝手《つて》もなにもないところから、徒手空拳《としゅくうけん》で扉を開いてきたのです。

第3章では、そんなぼくの原体験と、校長になるまでの経緯をお話しします。

関西人、タイで暮らす

ぼくは大阪府交野《かたの》市の生まれです。関西人です。父も母も大手メーカーの社員で、転勤族でした。お陰でいろんな体験ができました。強烈だったのはタイです。小学校5年から中学校1年の途中までバンコクで暮らしました。1988年からの2年半ほどです。

日本とタイではなにからなにまで全然ちがいました。いまでも鮮烈に覚えていますが、とても暑かった。バンコクのドンムアン空港で飛行機から降り立ったときの熱気を忘れることはありません。

当時のタイの物価は日本の10分の1以下でした。とにかく、なんでも安い。父は日本円で給料をもらっていましたから、サラリーマン家庭の庶民の息子から、突然、大金持ちの子どもになったような気分でした。家にはガードマンやお手伝いさんがいて、学校も運転手つきの車で送り迎えです。貧富の差が激しかったタイの治安は悪く、お金持ちの家の子どもをねらった誘拐事件が毎日のように起こっていたからです。たばこのパッケージに誘拐されて行方不明になっている子どもの写真が印刷されているような状況でした。ぼくも、何度か恐ろしい目にあいました。

日本では考えられない贅沢をさせてもらいましたから、素直にうれしい気持ちがあった一方、あまりにも大きな貧富の差を目の当たりにして、子ども心に「世界はどうしてこんなことになっているのだろう」と疑問をもちました。それが、ぼくが教育の道を選んだ原点だったかもしれません。

1988年といえば、日本がバブル経済という空前の好景気に浮かれていた時代です。バンコクにはぼくたちのような日本企業の駐在員が大勢住んでいて、日本食レストランやラーメン店もありました。日本人学校もあって、2歳下の弟とそこに通い、放課後や週末などはインターナショナルスクールの語学学級とクラブ活動に参加しました。

タイの話をするときりがないので、とても印象に残っていて、その後のぼくの生き方を決定づけたと思われるエピソードを一つだけ紹介します。

インターナショナルスクールでは課外活動で野球部に参加しました。その監督がとても素晴らしい人で、強い影響を受けました。インターナショナルスクールですから、世界中のいろいろな国の子どもたちが通ってきます。アメリカ、ラテンアメリカ、ヨーロッパ、アフリカ、中東、日本などなど、習慣や常識、文化的な背景もさまざまで、まさにダイバーシティです。そんなチームをまとめるのは大変です。

でも、監督は文字どおり監督しているだけです。見ているだけでした。キャプテンも副キャプテンも子どもたちで話し合って選び、ポジションや練習の仕方、試合の先発メンバー、打順まで、すべて子どもたちで決めます。なにからなにまで監督が決める日本では考えられないことで、目玉が飛び出そうでした。試合が終わったら、勝っても負けてもコーラを飲みながらケーキを食べて、「楽しかったね」で終わりです。監督に怒られたり罰練習をさせられたりすることもありません。

監督の話で気づかされたオーナーシップの意味

ある試合で、ぼくはピッチャーに選ばれました。ところが、調子が悪くて2回に8連続フォアボールを出してしまいました。日本人であるぼくは監督に怒られると思ったので、ベンチに戻ると、叱られる前に嘘泣きしながら、「調子が悪いから交代してください」と申し出ました。

でも、監督は、

「ナオ、いいか。君がピッチャーに選ばれたのはみんなに信頼されているからだ。調子が悪いのは君の問題だ。みんなは君のことを信頼しているんだから、君はその信頼にこたえるべきだ」

というだけで、交代させてくれません。その後も調子は散々だったので、チームメイトに申しわけなくて本当に地獄でした。でも、その試合や野球クラブの活動をとおして、ぼくは「オーナーシップ」ということを知りました。オーナーシップは、職務や課題に対して主体的に取り組む姿勢や意思のことをいい、いつもぼくが生徒に口うるさく話していることですが、もちろん、当時は、そんな言葉は知りません。しかし、なにより大切なのは、オーナーシップをもつことだということをそのとき知ったのです。

オーナーシップとは責任を自覚し、果たすことです。あの試合でピッチャーだったぼくの責任は、監督がいったように、仲間の信頼にこたえることでした。しかし、それだけではありません。ぼくをピッチャーに選んだチームメイトにも責任があるのです。さらに、キャプテンを選んだり、練習メニューを考えたり、打順やポジションを決めたりするときに、意思決定に参加したそれぞれに責任がある。それをみんなが自覚していました。日本人社会のように、みんなに責任があるというのはだれにも責任がないのと同じ、というのとはまったくちがいます。それぞれが、チームの運営や意思決定に主体的に参加し、責任を負っている。それこそが、オーナーシップをもつ集団の姿です。インターナショナルスクールの課外活動で、ぼくはそれを学びました。

公立中学で同調圧力に苦しみドロップアウト

中学1年生の途中で帰国し、大阪の公立中学に通いました。ぼくだけではなくて、海外から日本に帰ってきたたいていの帰国生は、日本の学校に多かれ少なかれ違和感や窮屈さを感じます。ぼくは転校翌日に、知らない先輩たちによび出されて「調子にのるんちゃうぞ」とクギをさされました。タイの日本人学校で使っていた制服や鞄が気に入らなかったみたいです。目立ってんじゃないぞ、というわけです。

タイにかぎらず海外では自由に意見をいうことができる雰囲気だったので、日本の「空気を読み合う」学校にもなじめません。友人や先生との距離感がわからず、生徒からは、「転校してきたばかりのくせして」と思われます。先生からも自由な発言よりも先生が期待する答えをいわなければならないという無言の圧力がかかります。つまり、同調圧力です。日本の学校では、新参者はおとなしくしていなければいけないのです。

日に日に表情が暗くなるぼくを心配した両親は、通えるところにある帰国生向けの私立学校を見つけてくれました。京都府京田辺市に開校したばかりの同志社国際中学校です。編入試験を受けて中学2年生の新学期から通いました。電車の時間だけなら家から1時間ほどです。

同志社国際に通わせてもらって本当によかったと思ってます。編入して、まず、安心しました。帰国生が多くて、ぼくは変な奴でも生意気な奴でもなく、だれに遠慮することなく学校生活を送れたからです。とはいえ、日本の公立中学校での経験がトラウマとなって人間不信に陥っていたので、中学校の記憶がほとんどないほどです。つくづく日本の学校はあかんと思いました。

のびのびしはじめたのは高校に上がってからです。授業は基本的に課題や調査学習、いままでいうプロジェクトワークが中心でした。政治経済の授業では、ぼくはマーケティングを実践しました。コンビニの前に2日間張り込んで、どんな人が何を買っているのかを調べました。あまりしつこくつけまわして、買い物に来た人から怒られたこともありました。

当時の同志社国際にはアイビーリーグとよばれているアメリカ東北部にある8つの名門校出身の先生が多く、アメリカの大学のことや入試システムのことをいろいろ教えてもらいました。アメリカの大学に進学した友人も少なくありません。そのとき、アメリカの大学や入試システムについて学んだことが、いま、非常に役立っています。

中高生のとき病気で激しい運動ができなくなったので運動部に入らず、高校ではパソコンにはまって図書室とパソコン室に入りびたっていました。日本でパソコンが爆発的に普及していったのは、ウインドウズ95が発売された1995年の秋以降ですが、ぼくはその前からパソコンにはまってました。

当時としては珍しいことでしたが、パソコンやインターネットにくわしい先生がいて、その先生を師匠と仰いでいろいろなことを教えてもらいました。芸は身を助けるといいますが、当時はプログラミング言語を使ってホームページを作成できる人が少なかったので、ホームページを作成したりセキュリティを請け負ったりして、起業やインターンシップのまねごとのようなことをして結構勉強させてもらいました。

同志社国際の教育はひと言でいえば、「自由」という言葉の重みと責任を選ぶ場でした。当時は「ほったらかし」と感じ、不満を覚えたこともありました。しかし、いまだからわかりますが、安全にチャレンジさせてもらえる、放牧場でした。いまでこそ私立の学校やインターナショナルスクールで似たような取り組みをしているところが増えましたが、当時としては非常に画期的で、それこそぼくがいまやっていることの原体験となった学校です。

「苦手なことや嫌いなことを選べば幅が広がる」といわれ教育の道に

大学は同志社大学文学部に入学しました。海外の大学に留学したいと思いましたが、体調や家庭の事情もあり行けませんでした。大学に進学する際、同志社国際の先生に相談したときのことです。

「ＩＴ関係の学部に行っても日本の大学で君が学べることはもうなにもない」

といわれました。キャリアには、自分の得意なものを伸ばして先鋭化していくというつくりかたもあるけど、いろんな勉強をして自分の幅を広げていくというやりかたもある。どちらにもメリットはあるけど苦手なことや嫌いなことを選べば、それが人生の幅になるよ、というのです。「それならコンピュータやなくて日本の教育だ」と思って、教育学を学べる文学部を選びました。日本の教育に違和感を覚えていたからです。

先生の助言がきっかけですが、教育学を選んだのにはもう一つ理由がありました。祖父は海軍の生き残りでした。レイテ海戦で死にかけた話を小さいときからよく聞かされていました。高校生になって、日本はなぜあんな無謀《むぼう》な戦争に突き進んでいったのか。その合意形成や意思決定の過程に興味があったのです。その背景にあるのは政治ではなく教育だと考え、また、同志社国際の先生からも、文学部の教育学の沖田行司《おきたゆくじ》先生が戦前の思想や教育を研究していると聞き、進学先に文学部を選びました。ですから、文学部といっても教育学専攻です。

沖田先生は日本思想史、教育思想史の研究者です。卒論で昭和前期の教育思想をやりたいといったら、「君は頭が半分外国人で日本のことがわかっていないから、まずは、近世をやったほうがよい」といわれ、江戸時代の儒学者、荻生徂徠《おぎゅうそらい》や貝原益軒《かいばらえきけん》をひたすら読みました。それから、「教育勅語と軍人勅諭《ちょくゆ》を読まないかぎり、その最後の副産物である戦前の教育のことはわからない」と助言され、軍人勅諭の起草にかかわった哲学者、西周《にしあまね》も一生懸命に読みました。また、日本で最初の哲学者といわれる西田幾多郎《にしだきたろう》や、戦前の日本の思想や教育を批判し戦後民主主義の思想を主導した丸山真男《まるやままさお》も勉強しましたが、全然わかりませんでした。

いずれは学校の先生になりたいと思いはじめていたので、塾の講師や家庭教師などのアルバイトをしました。また、教員になるにはいろいろ経験しておくことが大事だと考えて、工事現場の日雇い労働や引っ越し、コンビニの深夜のアルバイトなどもしました。

というわけで、ぼくの大学生活は勉強とバイトに明け暮れた毎日で、「関西の良家の子女」が通う同志社のキラキラしたイメージとはかけ離れたものでした。

進学塾で気づいた日本の教育の本質

大学に進学したときから日本の教育を変えたいという志を抱いていました。そのために、心理学なども勉強しました。いずれは学校の教員になるつもりでしたが、最初に就職先に選んだのは進学塾でした。日本の教育の現状や矛盾を知るには、最もニーズが高く、競争の激しい進学塾という現場に立ってみるのが早道だと思ったからです。

そもそも、学習塾の需要が高いことが不思議でした。欧米では、家族にとって最も大切な午後6時から9時ごろまでのファミリータイムに、子どもを塾に通わせることは考えられません。日本人がなぜそのようなナンセンスな選択をしているのか、一方で日本を先進国に押し上げた要因としての受験戦争を理解するためにも、進学塾を知ることが不可欠だと考えたのです。

就職したのは馬渕《まぶち》教室という進学塾です。そこを選んだのは、日本中の塾を見てまわったなかで、一番教員研修が厳しい塾だったからです。教員は職人の世界です。いくら志が高く熱心でも、授業がうまくなければ認めてもらえませんし、発言力もありません。ですから、教員としてのスキルを早く身につけるために、一番厳しいところ、鍛えてくれるところに行こうと思ったのです。まずは、進学塾でトップの講師になって、授業のスキルを身につけてから学校の教員になるつもりでした。

入社後は成績トップの講師になろうとがむしゃらに勉強しました。人気講師の授業の動画を見て完コピしたり、それを自分なりにアレンジしてみたりして、授業のノウハウをしっかり身につけました。ちょうど塾が十数校から25校ぐらい、年商でいうと8億円規模から60億円規模へと急成長していく時期と重なりましたから、とても活気があり、やりがいもありました。けれど、なかなかトップにはなれませんでした。

入社して5年目ごろ、講師に加えて管理職として本社でマネジメントもしないかと誘われました。進学塾に入ったのは授業のスキルを身につけるためでしたから、現場を離れるのはいやでした。でも、「管理職になると授業のやりかたが変わるから、授業がうまくなる」といわれ、だまされたと思って管理職になったら、ほんとにそうでした。

本社勤務でも授業は担当します。本社から校舎に出向いて授業をしますが、授業のときしか生徒と接する機会がないので、校舎に常駐する講師とはちがいアフターフォローができません。授業のなかで生徒の疑問をすべて解決し、完結させなければなりません。そのため、授業の時間を大切にし、そのなかで生徒の疑問にすべて答えることを徹底した結果、トップ講師になることができました。

本社では、管理職として教科リーダーや人材育成リーダーを担当したほか、新規開発も担当し経営の勉強をすることができ、後に校長になったときにその経験がいかされました。

学校は校長で決まる

2008年4月から新設校の奈良学園登美ヶ丘《とみがおか》中学校・高校の教員になりました。日本の教育を変えるために、いずれは自分で学校をつくりたいという思いがあったので、新設校の教員募集は魅力的でした。人口減少局面に入りつつあった日本で新しい学校の立ち上げに参加できる機会は滅多にないことなので、社会科の教員に応募したのです。

登美ヶ丘はグローバルをうたっていました。自分の意見を述べ、身のまわりの問題を解決できるようにするために、ぼくは全体の3分の2をレクチャースタイルの普通の授業、残り3分の1を生徒のプレゼンテーションやディベートを行う授業にしました。さまざまなチャレンジをし、生徒もはばたいていきましたが、日本社会を象徴するような場面もありました。

ぼくは、プレゼンは「気持ちのプレゼント」だと考えているので、社会科の授業に表現講座を取り入れました。ダンス表現とかドラマの演技とか、音楽表現とかの講座です。ほかにも、

「合意形成」や「意思決定」はどのような要素によって影響を受けるのかといったことをテーマに授業をしたり、生徒に議論させたりしました。

しかし、ほかの先生からするとそんな授業や教育方針は、なかなか理解されず、徐々にやりにくさを感じるようになりました。たとえば、インターナショナルスクールではアッセンブリータイムという、生徒が歌やダンス、楽器、演技、ドローイングなど自分が得意なことで自己表現を発表する時間があります。それを授業に取り入れ、生徒たちにパフォーマンスを発表させていたときのことでした。

ひとりの先生が怒りながら教室に入ってきました。

「授業中になにを遊んでいるのですか?」

と、叱られてしまいました。

なぜ、叱られたのかわからず、あとでその先生に伺うと、

「授業中にあんなことをするなんてまちがっていると思います。ちゃんと社会科の授業をしてください」

「勉強は勉《つと》めることを強いることだ。黙ってじっと座らせて、テストの点数を取らせることだ」

とお説教をくらい、最終的には自己表現の授業はできなくなってしまいました。

とはいえ、生徒がディベート甲子園でベスト8まで勝ち上がったり、顧問をしていた将棋部の生徒が近畿大会で優勝したりと、〝結果〟を出すことはできましたが。

こういったやり取りは、聞いていても面白くもない話ですが、教員の世界も一般の社会とかわりありませんから、いろいろあるのです。授業が下手だと発言力はないという話は前にしましたが、ほかにも、模擬試験の偏差値だとか、有名大学に何人合格させただとか、顧問をしている部活が全国までいったとか、そういう結果が求められ、結果を出した人は認められ出世します。一方で「出る杭《くい》は打たれる」というのもあります。目立ちすぎると嫌われるのです。学校の先生の世界がそうなのだから、生徒が影響を受けてしまうのも無理もありません。登美ヶ丘には6年間勤めましたが、「日本の教育を変えなあかん」という志は日増しに強くなっていきました。

登美ヶ丘の教員になって6年目の２０１３年、大阪府の民間人校長募集に応募しました。36歳でした。民間人校長というのは、斬新な学校運営を実現するために、学校以外の社会で経験を積んだ民間人を小中学校や高校の校長に登用する制度です。当時、大阪府では毎年7～８人が採用され、ピーク時には25人くらいの民間人校長がいました。ぼく自身はまだ早いというためらいもありましたが「日本の教育を変えるんだ」という同じ志をもつ先輩や仲間の強い勧めに背中を押してもらいました。また、話を聞くと、僕と同じ世代である30代で校長をしている人はほぼゼロだということ、そして当時40代の教員が極端に少なく、このままいくと校長を含めた学校の管理職が足りなくなることは明白だったこともわかり、飛び込むことにしました。

これもまたピンとこない話かもしれませんが、学校は校長で決まります。先生の配置や授業の内容、授業以外の学校行事の実施などを決めることができます。校長に手を挙げたのは、生徒たちに無限の可能性があることを知ってもらうために、ぼくにしかできない学校をつくることができると考えたからです。生徒の家庭の経済格差が教育格差になってはいけない。そのために、校長になって公立高校の教育を変えたいと思ったのです。

★ぼくは「調子が悪いのは君の問題だ。君はその信頼にこたえるべきだ」という少年野球の監督の言葉で、オーナーシップの意味に気づいた。

★恩師の「苦手なことや嫌いなことを選べば

それが人生の幅になる」という言葉で教育の道に入った。経済格差が教育格差になってはいけない。

第4章

ミライの勇者へ

第4章はミライを担う人たちへのメッセージです。日ごろぼくは学校で「勇者になってほしい」という話をしています。勇者になって、世界を変えてほしい、そう願っています。

では、勇者とはどんな人なのでしょうか。「選ばれし人」しか勇者にはなれないのでしょうか。

そんなことはありません。大切なのはパーパスとオーナーシップです。勇者となるために、学校でどういうふうに過ごせばいいのか。この章では、勇者とはどんな人なのか、そして勇者となるための具体的な方法などをお話しします。

1 勇者ってなんだろう

みんな勇者になれる――2050年を生き抜く勇者とは？

ドラクエ、知ってますか？　ドラゴンクエスト。１９８６年に発売されたゲームソフトで、第１シリーズを世に送り出してから36年経ったいまもなお、新シリーズが発売され続けているゾンビのようなゲームです。ぼくも中学生のころ、ずいぶんはまりました。

ドラクエはプレイヤーが勇者としてゲームの主人公となり、モンスターと戦いながら、さまざまな武器や技を手に入れて成長していくロールプレイングゲームです。勇者が成長しながら戦い、戦いながら成長していくのがミソです。

ぼくはいつも、生徒たちに「勇者になろう」といいつづけています。勇者とは、ドラクエの世界ではモンスターと戦う戦士ですが、ぼくたちの生きている世界では、身のまわりや隣人の問題、会社や組織、社会の問題を解決し、まわりや社会を変えていく人です。つまり、身のまわりの問題という名のモンスターを倒して、チャレンジや失敗という経験値をためてレベルアップし、乗り越えるべき壁ともいえる数々のボスを倒しながら世界をよりよいものに変えていくのです。ぼくはそのような勇者になってほしいと思っているのです。

そして、時代もそのような勇者を求めています。自ら問題を解決できる人です。指示待ちの優秀な犬になってはいけません。勇者となって社会のために戦っても貧乏くじを引く心配はありません。これからの世界では、そのような人材が仕事にあぶれることはないからです。仕事を失くすのは犬のほうです。あとでくわしくお話ししますが、GAFAとよばれるグーグルやアップルなどプラットフォームをつくったような人たちは勇者といえるでしょう。

勇者に必要なのは、世界のゆくすえを的確に予測し、生き抜くために必要な最低限の知識と、これまでに何度もお話ししたロジカルシンキングやプレゼンテーションなどのスキル、そして、オープンマインドでチャレンジしつづけ、どんな問題も自分のこととして考えることができるマインドを身につけることです。

「学校の勉強は必要ですか?」とよく聞かれますが、もちろん、必要です。学校の勉強の内容は悪くありません。

社会の問題を自分で考え、自分なりのかかわりかたを考えるうえで最低限の知識は必要です。将棋でいえば最低限の駒の動かしかたや基本的な戦法、先人たちが打ってきた「棋譜《きふ》」を勉強しないと上達できないのと一緒です。ただし、教科書以上の知識を追い求める必要はありません。最低限の知識を身につける努力をしたうえで、ほかの時間をボランティアでも部活でもいいですが、学校の外にも目を向けましょう。学校だけが社会ではありません。

そして一番大切なのは、まわりの人に勇気を与えることです。勇気を与えることができるのが勇者です。ドラクエではプレイヤーのだれもが主人公として勇者になれた

図表21　**勇者の条件**

①ナレッジ＝**鎧**

- 世界のゆくすえを予測するための最低限の知識
- 学校で学ぶ内容、インプットが必要なもの

②スキル＝**盾**

- アカデミックスキル（図版12参照）
- プログラミング

③マインドセット＝**剣**

- チャレンジ、チェンジ、コントリビュート
- オーナーシップとオープンマインド
- 多様性を受け入れ、変化を恐れない成長思考

ように、みんなが勇者になることができます。社会の問題といっても、貧困や環境といった大きな問題だけではありません。身のまわりのちょっとした不便や不具合、会社や組織が抱える問題、そうしたものを情熱と創意工夫で解決できる人が、これからの社会が求める人材です。

たとえば、ルンバを知ってますか。自動お掃除ロボットです。これは、ＭＩＴの研究者が、友人が忙しすぎて部屋の掃除をしている暇がないと嘆いていたのを聞いて思いついたアイデアでした。きっかけは些細なことですが、これも立派な社会の問題を解決する仕事です。お掃除ロボットは、世界的な大ヒット商品になりました。

コロンブスは夢見るプータロー

第1章でお話ししたとおり、いまは社会の大変革期です。さまざまなことがあっという間に変化していきます。歴史的に見ると、大航海時代によく似ています。コロンブスです。しかも、コロンブスは「夢見るプータロー」だったというのですから驚きではないでしょうか。

コロンブスが活躍したのはルネサンス期のヨーロッパです。カトリック教会が絶大な力で支配し、暗黒時代とよばれた中世から人々が解き放たれ、文化や芸術、科学技術が一気に花開いた時代です。地球は丸く、海を西に向かえば、地続きでは東にあるインドに到達するはずという科学の言葉を信じ、科学技術の力を頼りに、大航海に乗り出したのがコロンブスです。1492年のことです。

大航海時代にいばっていたのは王侯貴族です。社会の富を独占し、権力を盾にしていました。彼らはドラクエでいえば城に籠って戦いを眺めているだけのモブキャラです。自分では何もせず、自分の利益を中心に物事を考えている人たちです。

大航海時代ののち、ヨーロッパは一時的に絶対王政の時代となりましたが、そのあとは市民革命により社会の富が人々に分配される時代が訪れます。支配者だった多くの王侯貴族はギロチン送りです。時代の変化を察知できず、長い間、祖先が築き上げてきた富と地位にしがみついていたからです。

いまも同じことが起こっています。現代の貴族はいわば、偏差値だけにこだわる「偏差値エリート」です。いい大学に行っていい会社に入れば人生安泰だと信じている人たちです。下手をすればギロチンです。要は、コロンブスになって冒険の旅に出るか、貴族としてギロチン送りになるか。どちらの人生を選択するのか、という話です。ぼくは、コロンブスになってほしいと思います。

といっても、コロンブスはさっきもいったとおり、ただの夢見るプータローです。大きな野望を抱き、スポンサーに説明して、お金持からおカネを集めた人です。いまでいえば、起業家がプレゼンをして、大企業から出資金を集めているようなものです。でも、それでいいんです。コロンブスはインドには行けませんでしたが、アメリカ大陸に到達したことで、西方にも大陸があることをヨーロッパの人々は知るところとなりました。世界史が大きく書き換えられたのです。そして、現代のコロンブスたちは、アマゾンやグーグル、フェイスブック、アップルといった企業をつくり、世界を変えたのです。

アマゾンやグーグルは「プラットフォーマー」とよばれ、その利益を生み出しつづけるビジネスモデルからキャピタリズムの権化のように見られていますが、彼らがすごいのは、社会の課題を見つけそれをビジネスにする、つまり社会をデザインしていることです。アマゾンは、創業者のジェフ・ベゾスが「地球上で最も豊富な品揃え」をスローガンに掲げ、あらゆる製品をいち早く届ける、地球最大の小売業になりました。グーグルは「世界中の情報を整理し、世界中の人々がアクセスできて使えるようにすること」をミッションに掲げています。採用でも「自分より優秀な人を取りなさい」「一緒に仕事をして楽しい人を採用しなさい」いう方針があることは有名でしょう。

くり返すようですが、何度もいいます。いまは、変化が激しく正解のない時代です。とはいえ偏差値エリートに未来はありません。そして、自分が勇者になって世界を変えなければ、君たちに未来はないのです。

大魔王ゾーマはいない ——「できない」は思い込み

「勇者なんて自分には無理」と思う人もいるかもしれませんが、そんなことはありません。問題意識と目的意識、パーパスと情熱があれば、だれだって社会を変える勇者になれるのです。そんなこと無理、自分にはできない、というのは思い込みです。勇者を阻《はば》むものはあなたのなかにあるのです。つまり、先入観と勝手な決めつけです。できないと思えば絶対にできませんが、できると思えばたいていのことはできます。少なくとも近づくことはできます。

ドラゴンクエストには地上世界の征服をもくろむ大魔王ゾーマが登場します。ゾーマは黒幕で、地上に送り込まれているのは魔王バラモスです。このバラモスは勇者の活躍で倒されます。できないと思い込むのは、大魔王ゾーマを恐れるようなものです。ゾーマは実際にはいません。目の前にいるのはバラモスです。実体のないものに対する恐れは、思い込みにすぎません。

3歳や4歳の子どもにそんなものはありません。幼稚園や保育園、小学校、中学校と経験を積むうちに、自らにレッテルを貼っているだけなのです。それを心理学用語では「フィックスト・マインドセット」とよびます。自分の経験や知識、先入観などから自分の能力や資質の限界を決めつけ、成長しようとしない硬直した考え方です。

しかし、能力や資質に限界なんてありません。ボストンの起業家がぼくの生徒に語ってくれたように、彼らは決して秀才だったわけでも、才能に恵まれたわけでもない。ただ、あきらめなかっただけなんです。もちろん、天才や秀才がいるのは事実です。生まれつきすごく頭がいい人はいます。しかし、天才じゃないからといって、能力や資質に限界があるわけではありません。限界なんてそもそもがないのだから、天才と比べて多少能力が劣ると思っても、そんなものは全部乗り越えて、自分の限界を突き破っていってください。

大切なのは、信念を貫きとおすことと、絶対にあきらめないこと、そして、フィードバックを受け入れ否定しないことです。フェイスブックやグーグルを始めた人も、パナソニックをつくった人も、みんな同じことをいっています。ぼくの尊敬するパナソニックの創業者松下幸之助さんは「失敗は失敗と認識してやめた瞬間に失敗になるけど、やめなかったら成功のための道程でしかない」といっています。また、「万策尽きたと思うな。自ら断崖絶壁の淵に立て。

その時、はじめて新たなる風は必ず吹く」ともいっています。いくら失敗してもいい。失敗したって気のせい。あきらめず、挑戦し続ければいいんです。

そして、自分を知り、他者を知り、社会を知る。この3つのステップを踏むことで、かならず勇者になることができるのです。

偏差値8から四天王寺高校に

進学塾に勤めていたとき、偏差値8から四天王寺《してんのうじ》高校に合格した生徒がいました。塾での偏差値8というのは聞いたこともないような低い数値です。

四天王寺高校は大阪の中高一貫の私立の女子校です。偏差値で学校を評価するのはナンセンスだとは思いますが、あえて偏差値でいうと、大阪府でトップ5に入る超難関校です。文武両道でも知られ、東京オリンピック銀メダルの卓球の石川《いしかわ》佳純《かすみ》さんや、女優の高畑《たかはた》充希《みつき》さんも卒業生です。

その生徒は中学校入学直前の春期講習から塾に入ってきました。塾に入って満足したのか、最初の塾の模試で偏差値が8にまで下がりました。決して頭の悪い子でないことは、話していてすぐにわかりましたが、勉強や具体的な復習の方法、指導者からのフィードバックの受けかたを知りませんでした。塾の模試では英語で偏差値「マイナス2」なんてとんでもない数字をたたき出してくれたこともありました。

家庭環境に恵まれず、家では勉強できるような状況ではなかったことも成績が悪い一因でした。そのため、早めに塾に来て、帰りも塾に残って宿題を終わらせてから帰宅するように指導し、とにかく勉強できる環境をつくることから始めました。たとえば、夏期講座は12時から22時まででしたが、弁当を何個ももってきて、朝9時に来て最後まで残って勉強していました。

偏差値8からの出発ですから、もちろん、すぐには結果は出ません。成績が悪いと退塾させられることもあります。偏差値マイナス2など論外です。面談で、どうすんねん、ときいたら、「辞めたくない」といいます。

「お前将来何になりたいねん」

「弁護士です」

「弁護士か。弁護士になりたかったら、どのくらいの学校行かなあかんと思う」

「四《し》條《じょう》畷《なわて》高校です」

「塾の模試の偏差値なんぼいる?」

「55です」

「お前なんぼや」

「マイナス2」

ここで大笑いです。

「お前、おもろいな。どないしたいねん」

「私を弁護士にしてください」――

そんなやり取りをしたのを憶えています。

「おもろい」は大阪では最高の誉め言葉です。ぼくも彼女も本気になって、時間がないなりの効率的な勉強方法を模索しました。そして、3年後には地域一番手の府立高校の四條畷と同等の四天王寺に合格しました。

偏差値がマイナスというのをそのときはじめて見ました。中央値98点のテストで0点取ったときにしか出ないような数値です。確率でいえば0・005%。統計データでは無視されるような外れ値です。

でも、彼女はあきらめなかった。ぼくもあきらめませんでした。あそこで、「私アホやから、弁護士なんか無理や」と自分にレッテルを貼ってあきらめていたら、偏差値8からの大逆転はありませんでした。もちろん、相当な努力もしています。

彼女は四天王寺から国立の神戸大学に進学しました。弁護士をめざしていたのは、法律を学んで、家庭内暴力に苦しむ人たちの役に立ちたいと思ったからだそうです。その後、弁護士になったかどうかはわかりませんが、いずれにせよ、彼女は周囲や隣人の問題を解決する勇者になっているはずです。

ぼくは、彼女から「あきらめないことの大切さ」を身をもって教わりました。

グロース・マインドセット

先ほど、「自分には無理」「できないに決まっている」といった心のもちようのことを、心理学用語では「フィックスト・マインドセット」というという話をしましたが、ぴったりくる日本語がなかなかなくて、硬直思考とか停滞思考、固定思考などと訳されています。

フィックスト・マインドセットは、勇者が倒すべき最も大きな敵です。しかも、外にいるのではありません。内なる敵、自分の心のなかにいる敵です。

フィックスト・マインドセットは現状維持に固執する人たちの思考です。その反対は、グ

図表22　**2つのマインドセット**

グロース・マインドセット		フィックスト・マインドセット
●ひたすら学び続けたい	マインド	●自分は有能だと思われたい
●才能は磨けば伸びる	知性や能力	●才能は生まれつきのもの
●貪欲に挑戦したい	努力や挑戦	●できれば挑戦したくない
●学びや変化の機会ととらえる	失敗	●失敗や変化を恐れる
●フィードバックから真摯に学ぶ	フィードバック	●ネガティブな意見は無視する
●学びや気づきを得るもの	他人の成功	●脅威に感じる
⇩ 成長が促進される		⬇ 成長にブレーキがかかる

キャロル・S・ドゥエック『マインドセット「やればできる!」の研究』より作成

ロース・マインドセット、成長思考です。グロース・マインドセットは現状を打破したいと考えます。安定した仕事や会社につきたいと思っている人も多いと思いますが、それはかえって危ないのです。あるアメリカの研究者は「安定したければ動き続けろ」といっています。振り子をイメージしてもらえればわかると思いますが、物理の世界では止まっていることは不安定なのです。

ぼくが校長として一番大切にしているのが、このグロース・マインドセットです。フィックスト・マインドセットに陥ったり、逃げ込んだりしがちな生徒に前を向かせ、グロース・マインドセットに切り替える手助けをする。それが、校長の仕事だと思っています。

英検2級に落ちるほど英語が苦手でも海外へ

ぼくの「勇者」の話に感化されて日本を飛び出した生徒の話を紹介します。

彼女は、ぼくの学校説明会を聞いて「勇者になれるんだあ」「変な校長先生がいるんだなあ」と思い入学してきた生徒です。高校1年生のときに海外進学の夢を抱いて努力し、見事にアメリカの大学に合格しました。けれども彼女は特別に優秀な生徒だったわけでも、勉強ができたわけでもありませんでした。中学生のころは部活に夢中になる「普通」の生徒でした。最初はごく普通の人生を思い描いていたようです。普通の大学に進学し、普通の会社に就職して、普通に結婚する……というもの、いわゆるフィックスト・マインドセットです。自分の人生はこんなものだろうという思い込みです。海外進学など、自分とは無関係のことと決めつけていました。おまけに英検2級に数回落ちるほど、あまり英語は得意ではありませんでした。

彼女が海外を意識するきっかけは高校1年生のときに参加したボストンへのプログラムでした。そこでぼくに「英語が苦手なのは関係ないよ」といわれ、そうなのかなとだまされた思いでその後よく校長室を訪ねてくるようになりました。高1の冬にぼくが行った海外進学のための説明会で、「海外進学っていいかも」「そういう選択肢もあるんだ」と思い、徐々に海外をめざすようになりました。もちろん、それですぐに海外進学を目標に邁進《まいしん》するといった単純な話ではありません。海外の大学に進学するための勉強や準備は、日本の大学の受験とはまったくちがうし、留学には費用の問題もあります。選択肢の一つとはいっても、はじめのうちは夢のまた夢のような話でした。

そんななかで彼女が直面したのがコロナ禍でした。学校は一斉に臨時休校。自宅でのオンライン学習になり、友達にも会えないなかで、自分のやりたいことや将来について考えました。

漠然と描いていた「普通」の人生像に疑問をもち、もっと広い世界を見てみたいと思ったのです。彼女が校長室にくるたびにぼくも海外での生活や先輩の話をし、「君ならできる」「ねばったもん勝ちだよ」と励ましつづけました。また、海外の大学には授業料免除や奨学金の制度が充実していて、学業に励めば費用の問題は解決できることなども伝えました。

やがて、海外進学を選択肢の一つとしてとらえ、できない理由ではなく、できるための方法を考えるようになりました。フィックスト・マインドセットからグロース・マインドセットに気持ちのもちようが変わったのです。

グロース・マインドセットに変われば、あとは努力次第です。ＴＯＥＦＬの勉強は本当に大変で、課題のエッセイもぼくに「こんなの面白くない」「それはなんで？」といわれて何度も涙を流したようですが、朝、昼休み、放課後と何度も一緒にマインドマップを考えました。こうして目標に向かって邁進した彼女は見事にアメリカの大学に進学しました。

小さな貢献の連鎖が世界を変える

「世界を変えなければ、君たちは終わる」といいましたが、大きな夢をもて、大志を抱けといっているわけではありません。目標は小さくたっていいのです。とてつもなく大きな夢を抱いて、それを果たそうとすると、あまりにも目標が遠すぎてすぐに「無理や」となってしまうのです。だから、いまできることをフルパワーでやることが大事です。遠くを夢見ながら、目の前の問題をしっかりとやる。その両方が重要です。遠くを見ながら、目の前に集中し、少しずつ目標に近づいていくのです。ドラクエでいえば、いきなりラスボスのゾーマを倒すのは無理でも、まずはスライム、次に中ボスのカンダタを倒していけば、「あれ、ひょっとしてゾーマもいけるんちゃうん」となります。

図表23は、ハーバード大学の入試問題です。毎年同じことをきいています。ポイントは「あなたは」です。一般論として「こうするべき」だという答えではなく、「あなたは何をするか」、あなたにしかできない貢献をき

図表23　**ハーバードの入試問題**

The mission of Harvard College is to educate our students to be citizens and citizen-leaders for society. What would you do to contribute to the lives of your classmates in advancing this mission?

ハーバード大学の使命は、学生を市民に、そして社会のリーダーに育てることです。この使命に取り組むクラスメイトのためにあなたはどんな貢献をすることができますか。

いているのです。「チャレンジ」「チェンジ」「コントリビュート」、この3つのCが世界では問われているのです。

貢献という言葉は、裏返せば貢献した相手から「ありがとう」という言葉を引き出します。しかし、日本では「ありがとう」ではなく、「ごめんなさい」「すみません」という言葉が返ってきてしまうのはとても残念なことです。

互いに「ありがとう」と笑顔でいえる関係性をつくることで世界は変わります。貢献とはそのようなことだとぼくは思います。べつに、政治家になって世界の環境問題を解決したり、科学者になって世紀の大発見をしたり、起業家になって画期的なプラットフォームやアプリケーションを開発して世界に貢献しなくてもいいんです。クラスメイトの生活に貢献する。隣の人に貢献する。困っている人がいたら手を差し伸べる。その連鎖が世界を変えて、大魔王ゾーマを倒すのです。

人が2人いれば世界が始まります。世界にはオール・オーバー・ザ・ワールドだけでなく、スモールワールドもあるのです。スモールワールドの連続体が世界です。MITは「隣人に貢献せよ」と学生に訴えています。隣人を愛すること、隣人の生活に貢献することによって世界は変わる。そして、世界を変えるのは、勇者にほかなりません。

大切なのはオーナーシップ

グロース・マインドセットと同じくらい、ぼくが生徒に口うるさく求めているのは、オーナーシップです。どんなことでも、他人事にはしないで、自分のこととして考え、行動し、それに責任をもつことです。ぼくはオーナーシップが大切なことを、タイにいたころ、インターナショナルスクールの少年野球の監督に教わりました。

勉強が最もわかりやすいでしょう。わけもわからず、いやいややっても、意味はありません。成績も向上しません。成績は結果です。身につかなければ向上しないし、いやいややっていては身につきません。

さらにいえば、なにごとも「腹八分」が大切です。毎回フルパワーで燃え尽きてしまっては、立ち止まることも振り返ることもできません。

ある教え子の話です。彼は海外進学を志望し、マレーシアの大学に合格しました。ところが、入学後の学生生活は、思い描いていたほど厳しくありませんでした。そのため「このままでいいのか」と自問するようになりました。もっと刺激のある体験がしたいと思ったそうです。

普通はせっかく苦労して入学したのだから、進路を見直す人は少ないのではないでしょうか。

しかし、彼はスパッと別の大学に編入することを決意します。もともとアメリカの大学を志望していて、マレーシアの大学は第一志望ではなかったからかもしれません。

「なおさん、究極のスタートアップ大国で、魅力的なリベラルアーツのプログラムがある大学を見つけました。イスラエルです。推薦状書いてください」

彼から連絡を受けたときは、さすがに面くらいましたが、リスクがあることを伝えても、それを承知でチャレンジしたいという熱意を聞き、推薦状を書くことにしました。彼は努力して見事試験に合格し、いまは、イスラエルの大学で勉強に励んでいます。

なぜ勉強するのか、なんのために勉強するのか考え、その結果に責任を持つこと、それがオーナーシップです。彼はそれを考え自ら決断し、イスラエルの大学に編入しました。

校則を変えたかったら、文句をいうのではなく提案しなさいと生徒にいったのも、日本史で定期テストの問題を生徒と一緒に考えたのも、オーナーシップをもってほしいからです。

失敗できるヤツが一番偉い

箕面でも武蔵野でも、ぼくは生徒がチャレンジできる学校をつくることをめざしてきました。

将来を担う人にとっては、チャレンジすることがなにより大切だからです。

いまのパナソニックを創業した松下幸之助さんや、サントリーの創業者、鳥井信治郎《とりいしんじろう》さんの口癖は「ほな、やってみなはれ」でした。社員がなにか提案すると、社長が「ほな、やってみなはれ」といってチャレンジさせる。そのようにして、パナソニックもサントリーも、日本を代表する企業になりました。かつての日本が世界を変えていけたのは、チャレンジ精神があったからです。いってしまえば、彼らはクレイジーです。でも、彼らを生み出す土壌がかつての日本にはあったのです。

その精神が、いまの日本の社会からは失われています。とくに若い人たちは失敗することを恐れ、チャレンジすることに尻込みします。さらに、チャレンジしようとしても、

「いかがなものか」

「なにかあったらどうするんだ」

と年長者が足を引っ張ります。結果、いつまでたっても「経験が豊富だから」「自分が決めたほうが早い」という理由で日本の政治家や大企業の社長はおじいちゃんだらけです。これではイノベーションは生まれません。年長者がすべきことは早く若い世代に席を譲ること、「やってみなはれ」とチャレンジを応援すること、シミュレーションしたうえでリスクヘッジ

をして尻ぬぐいをすることです。親であれば、頭から決めつけずに子どもの可能性を広げる、好奇心の芽を摘まないことです。あれやこれやと習い事をさせたり、しつけと称してどなり散らすだけではいけません。「やりたい」という気持ちが大切なのです。

失敗を恐れずチャレンジするヤツが一番偉いんです。失敗は成功の母です。人は失敗から多くのことを学びます。失敗が人を成長させるのです。野球の試合でも、負けから学ぶことはたくさんあります。失敗からフィードバックを受け、次に改善することができる。負けを恐れて弱いチームとばかり対戦しつづけても、強くはなれません。勝ったり負けたりをくり返しているほうが、最終的には強いチームに成長できます。そして、質より量です。ある歌手の話ですが、デビュー前になんと6000もの曲をつくりましたが、実際に楽曲として採用したのはほんのわずかだったそうです。直木賞を受賞したある作家は、夢を実現するためにそれを公言して自分を追い込んだといいます。「ホームランを打つためにたとえ打率が0割5分でも打率を気にするんじゃなくて、とにかく打席に立ちつづけるのが大事だ」と、通常であれば年に1〜2本の小説を書いて賞に応募する人が大半のなか、なんと12本も応募したのだそうです。

そして、失敗した人は失敗したぶんだけ、他者の痛みを知り、他者に優しくなることができます。人の痛みがわかると、チームをつくったときに、仲間の気持を理解するリーダーになれます。そのようなリーダーはチームを強くすることができます。

だから、ぼくは生徒に、「失敗できるヤツが一番偉いんだ」といいつづけています。失敗してもいいんです。責任は大人が取ってくれます。

「なんで挑戦しなきゃいけないの?」と思った人に知ってほしい言葉があります。かつて携帯電話で市場を席巻《せっけん》し、「北欧の巨人」とよばれたフィンランドのメーカーの経営者がいったとされる言葉です。

「なにもミスはしていないのに、なぜか負けた」

スマートフォンで出遅れて倒産の危機に陥った際に発した言葉です。現状維持は衰退につながるのです。

ピボットの考えがあれば選択肢は無限

いまの日本は失敗が許されない社会になっています。受験が典型的な例です。受験に失敗して希望する大学や学校に入れないと、お先真っ暗だと思い込んでいる生徒は気の毒なほど大勢います。社会に出てからも、一度失敗すると挽回するのがむずかしいのが日本の社会です。多くの人は、失敗して挽回できなかった先輩や同僚の姿を見て、それを経験的に知っているので、無難なことばかりを選択し、チャレンジしなくなります。

別のいい方をすると、歳をとればとるほど、キャリアを重ねれば重ねるほど、選択肢の幅が狭くなっていくのが、日本の社会です。残念なことです。

けれど、世界に目を向ければ、そういう社会ばかりではありません。たとえば、アメリカでは、「ピボット（回転軸、方向転換）」という考え方が浸透していて、キャリアを重ねても選択肢が狭くなることはありません。それどころか、それまでの経験や失敗のおかげで、選択肢が広がることもあります。

夢を実現するための手段は一つではありません。勇者になるための手段も一つではありません。夢や志さえあれば、手段はなんでもいいんです。望みの大学に行けなかったからといって、夢をあきらめる必要はありません。

将来の夢をきかれて、ほとんどの子どもが職業を答えるのもおかしな話です。たとえば、サッカーが大好きだとして、プロの選手になるだけがサッカーの仕事ではありません。プロのサッカー選手になれなくても、サッカーにかかわる仕事はたくさんあって、なかには選手より多くの報酬を得ている人だっています。学生時代はサッカーが好きでも、選手かマネージャーくらいしかかかわることはできませんが、社会に出ればサッカーにかかわる仕事の選択肢は広がります。

バスケットボールのピボットは知っていても、キャリア形成でのピボットという考え方を知っている人は、少ないでしょう。ぜひ、ピボットという考え方を心に刻んでください。失敗してもいいんです。失敗は次のピボットの糧《かて》となります。チャレンジをし、ときに失敗もしながら、自分の人生の舵は自分で握る。自分で決める選択の積み重ねが自己肯定感にもつながり、勇者への道につながるのです。

図表24　**日本と海外のキャリアのちがい**

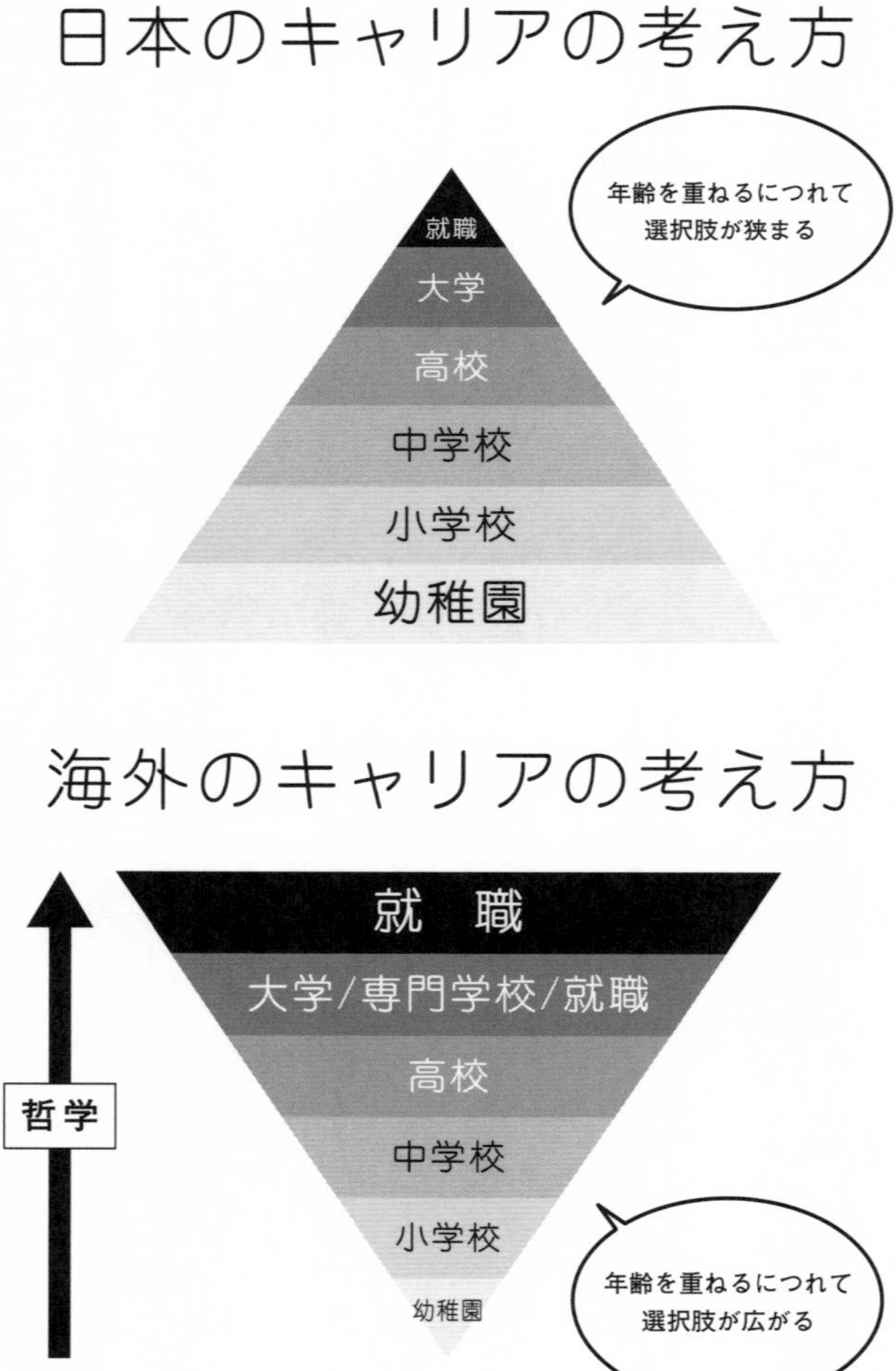

2 Who are you?

「あんただれやねん？」に答えられるか？

「勇者になれ」といわれても、自分は何をやりたいのかもわからない。自分が何者で、何に向いているのかもわからない、という人は多いと思います。当たり前です。

中学生や高校生で自分が本当にやりたいことに出合える人のほうが稀です。けれど、大人になって社会に出たときに、自分が何者で、何をやりたいかわからないようでは困ります。

Who are you? ——

海外に行くと、必ずといってよいほど、そうきかれます。

「What's your story?」（あなたの物語は？）

「What's "The Contribution" that only you can make?」（あなたにしかできない貢献は？）

「How do you see "The World"?」(あなたはこの世界をどう見ている?)

と表現はさまざまですが、ほんと、こればっかりきかれます。自分は何者か、どうやって世界とかかわるか、つまり、「あんただれやねん」です。

そんなこと日本ではきかれることはまずないので、ほとんどの人は困惑して、「マイ・ネーム・イズ・ヒノダ」などととんちんかんな答えをしてしまいます。Who are you? は名前をきいているのではありません。職業をきいているのでもない。職業を答えても悪くありませんが、もっと、本質的な質問です。世界観といってもよいかもしれません。もちろんのことですが、答えに正解はありません。ぼく自身は海に飛び込むのをためらうなかで、真っ先に飛び込む一羽のペンギン、「ファーストペンギン」だと答えることが多いです。最初に崖の前に立たされて落ちるペンギン。飛び込みたいと思ってはいないのだけど、後ろから「お前行けー」といわれて「あれー」と飛び込んでしまうペンギン。とはいえ本質は教育をとおして社会を変える社会変革者です。

ぼくは、この問いに戸惑うことなく答えられる人になってほしいと思います。

How would you like to be remembered? ——

これは、海外の大学の入試で、必ずといってよいほど出題される問題です。面接やライティングで出題されます。「君はどのような人として記憶されたいか」——。Who are you? とほとんど同じ問いです。これに答えられなくては、海外の大学には行けません。

エッセイと小論文はこんなにちがう

海外の大学の入試で重要なのはエッセイです。誤解を恐れずに端的にいうと、日本の推薦入試などで課される志望理由書や小論文のようなものです。しかし、求められる内容は日本のものとは大きく異なります。なぜその大学で勉強したいのか、自分は何者で、何をしたいのか、何ができるのかが問われます。つまり、自分を主人公にして世界やストーリーを考える映画や、大学へのラブレターというほうが正確でしょう。

ちなみに、アメリカの大学が日本人向けにする面接のひっかけの質問があります。それは「あなたは大学で何をしますか」です。たいていの日本人は「この大学で○○を勉強したい」と答えます。一見するとまちがいではないようですが、海外の大学は「あんたはだれやねん」「あんたはこの大学でどんな貢献ができるねん」ということをきいているので、「勉強したい」だけでは落とされます。あくまで大学で勉強するのは目的ではなく手段です。そこを勘違いす

図表25 **エッセイとは**

エッセイとは？

- 自分の問題意識、なぜその大学に入る必要があるか、そして世界をどう変えたいかを説明した文章
  ＝志望理由書、大学へのラブレター
- 大学ごとにお題が出され、それに沿って「自分の話」を書く

お 題 の 例

- リベラルアーツ教育はあなたにとってどんな実用的な意義がありますか？
- あなたはあなたのクラスメートにどのような貢献ができますか？

エッセイの構造

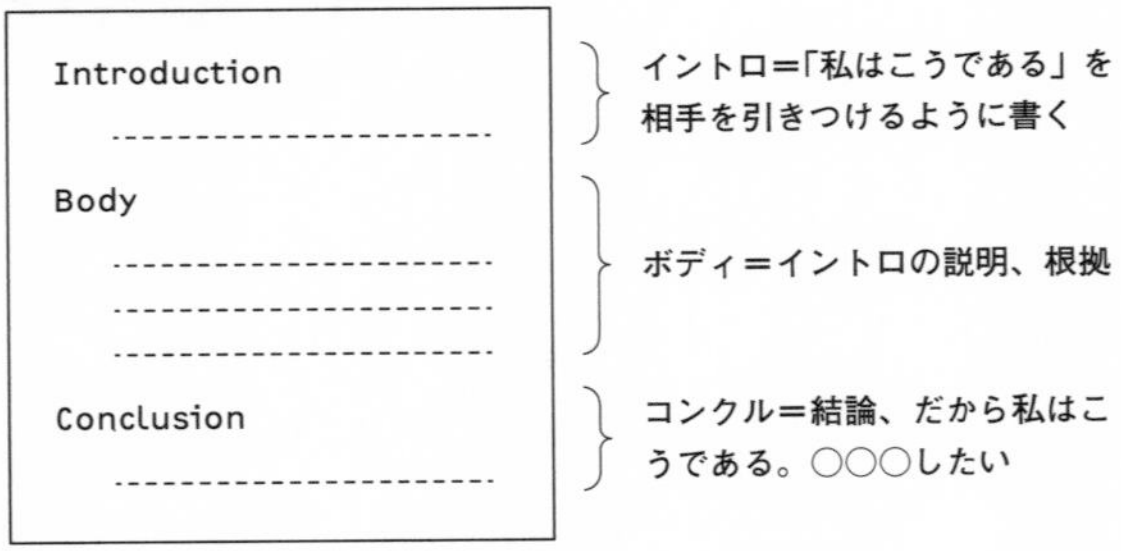
Introduction
イントロ＝「私はこうである」を相手を引きつけるように書く
Body
ボディ＝イントロの説明、根拠
Conclusion
コンクル＝結論、だから私はこうである。○○○したい

ると落とされます。

ぼくは海外進学のためのエッセイの指導もしていますが、ほとんどの生徒は自分が神様みたいなことを書きます。つまり、「こうあるべきだ」「こうすべきだ」という「べき論」や一般論ばかりで、自分の考えがありません。

大学進学のための小論文は日本の大学であれば、ほとんどの場合、一般論を書けば合格点がもらえます。たとえば、「世界はこうなっている。けれど、それでは幸せになれない人がいる。だから、それを変えなければならない」といった組み立てです。そこには、「あなた」はいません。海外の大学では、あるいは世界では、それでは通用しません。その答えは明日から実行できるのでしょうか。そして、そのとき自分はどこで何をするのでしょうか。問われるのは、あなたは何をするのか、君はどのように世界に貢献するのかです。「あなた」が問われているのです。

生徒の書く小論文やエッセイのほとんどに「私」がありません。あるのは、「私たち」とか「世界」「社会」といったぼんやりしたものだけです。あなたは、と問われると、たちまちなにも書けなくなってしまいます。当然といえば当然です。オワコンな日本の学校では自分の考えを主張することも、仲間と対立することもないからです。

ですから、自分には何ができるのか、自分は何をしたいのか、自分にしかできないことは何かを問いつづけることが大切です。

たとえば、前掲のハーバード大学の「あなたはクラスメイトのためにどんな貢献ができますか」という問題でも、書かれてくるのは「○○すればいいと思います」「○○であるべきだと思います」ということばかりです。「あなたは何をしますか」ときかれているのに、そこに「私」がいないのです。「じゃあ、君はどうするんだ」と質問すると、泣き出してしまいます。

そもそも日本語は主語がなくても通じる言語です。だから「○○であるべきだと思います」と書くことができるのです。本来は「私は○○だと思います」と書くべきなのに、主語をはっきりしないことで、「こういうことを書いたら正解だから○○だと思うことにします」「先生が○○だと思っています」と隠れ蓑《みの》にしてしまう。インターネット上ではしばしば「それってあなたの感想ですよね」と嘲笑的に振る舞う人がいますが、むしろ「あなたの感じたこと」こそが大切なのです。だから、ぼくはボストンのプログラムやワークショップのように、ことあるごとに本気で意見が対立する機会や、それを乗り越えることで本当の多様性を理解できるような機会をつくっています。

自分は何者か。もちろん、それは簡単に答えられることではないし、唯一の正解があるわけでも、一生変わらない答えがあるわけでもありません。変わっていって当然です。ですが、そのとき、その時点で、自分は何者かがさっぱりわからないようでは、自分が何をしたいか、何に向いているかといった問いにも答えは見つかりません。逆に、自分が何をしたいか、何に向いているかを自問することで、自分は何者かがわかってきたりします。つまり、「自分は何者か」と「自分は何をしたいか」はコインの裏表のようなものです。

ですから、まず、Who are you? の自分なりの答えを探す旅に出てください。それが勇者への第一歩です。

「自分はこういう人間だ」と決めつけない

自分は何をしたいか、何に向いているかを探したり考えたりするときには、「自分はこういう人間だ」と決めつけないことが大切です。

たとえば、自分は頭が悪いとか、数学が苦手だから理数系には向いてないとか、人としゃべるのが苦手だから教師にはなれないとか、そういった決めつけです。正しい方法で勉強すれば成績は上がります。ちょっとしたきっかけで、苦手だった教科が得意科目に変わることは珍し

図表26　**ラブ・アンド・ヘイト**

LOVE

・好きでしかたがないものは？
・夢中でずっとやれるものは？

HATE

・なんとかしたいことは？
・地球上から根絶したいことは？

WHY?

なぜそう思った？
自分が大切にしている価値観や原体験を考えよう

くありません。学生時代、人としゃべるのが苦手だった人が、素晴らしい教師になることだってあります。人間は変われるし、弱点や苦手なことを活かせることだってあるのです。

自分はだれなのか。そんなことわからない。そう思う人は、まず、自分の好きなこと、嫌いなことを書き出してみましょう。ラブ・アンド・ヘイトを書き出して、それをマインドマップにしてみるのです。そうすることで、自分の姿や価値観が見えてきます。

日々の生活のなかで、なにか変だな、いやだなと思うことがあるんじゃないでしょうか。その違和感は心理学的には成長のタイミングだといわれています。でもほとんどの人は、そう考えず、「きっと自分のことが嫌いにちがいない」「いやだから見ないことにしよう」と、悪意とか排除の論理を働かせてしまいます。

イラっとするのは悪いことではありません。でも、そこに怒りとか悲しみの感情を入れてはいけません。そんなときこそ自分や相手を本当に理解するチャンスなんです。

振り返りは「反省」ではない

自分が何者かを知るには、自分のなかの、いろいろな自分を見つめることが大切です。自分のなかにもいろんな自分がいるのではないでしょうか。元気な自分もいれば、元気でない自分もいる。人に優しい自分がいると思えば、残酷な自分もいる。しかし、コアは変わらないはずです。見つめつづけることで、自分のコアがわかってきます。

気をつけてほしいのは、自分の悪いところばかりを見てしまうことです。どうも日本人はその傾向が強く、自分に厳しく、すぐに自分はだめな人間だと思い込んでしまう人が多いので、気をつけてください。自分の悪いところばかり凝視していると生きているのがいやになります。

ぼくの学校では、年度末に必ず、1年間の振り返りをしています。最初は作文を書いていました。みんな真面目なので一生懸命書くのですが、ほとんどが「反省」と「懺悔《ざんげ》」のオンパレードです。ぼくとしては、成長を自覚するために生徒に1年間を振り返ってほしいのですが、なぜか謝罪になってしまいます。

そこで、やり方を変えました。画用紙を渡して、左側にポジティブなこと、右側にネガティブなことを書くようにしたのです。あれはがんばった、あのときは怠《なま》けてうまくいかなかったと、自分を褒《ほ》めてやりたいことと、反省することの両方を書くのです。そして、それをふまえて来年どうなりたいか、どうしたいか、何をしたいか目標も書きます。

自分を見つめるときは、ぜひ、この方法を試してみてください。自分のよいところと悪いと

図表27　**振り返りシート**

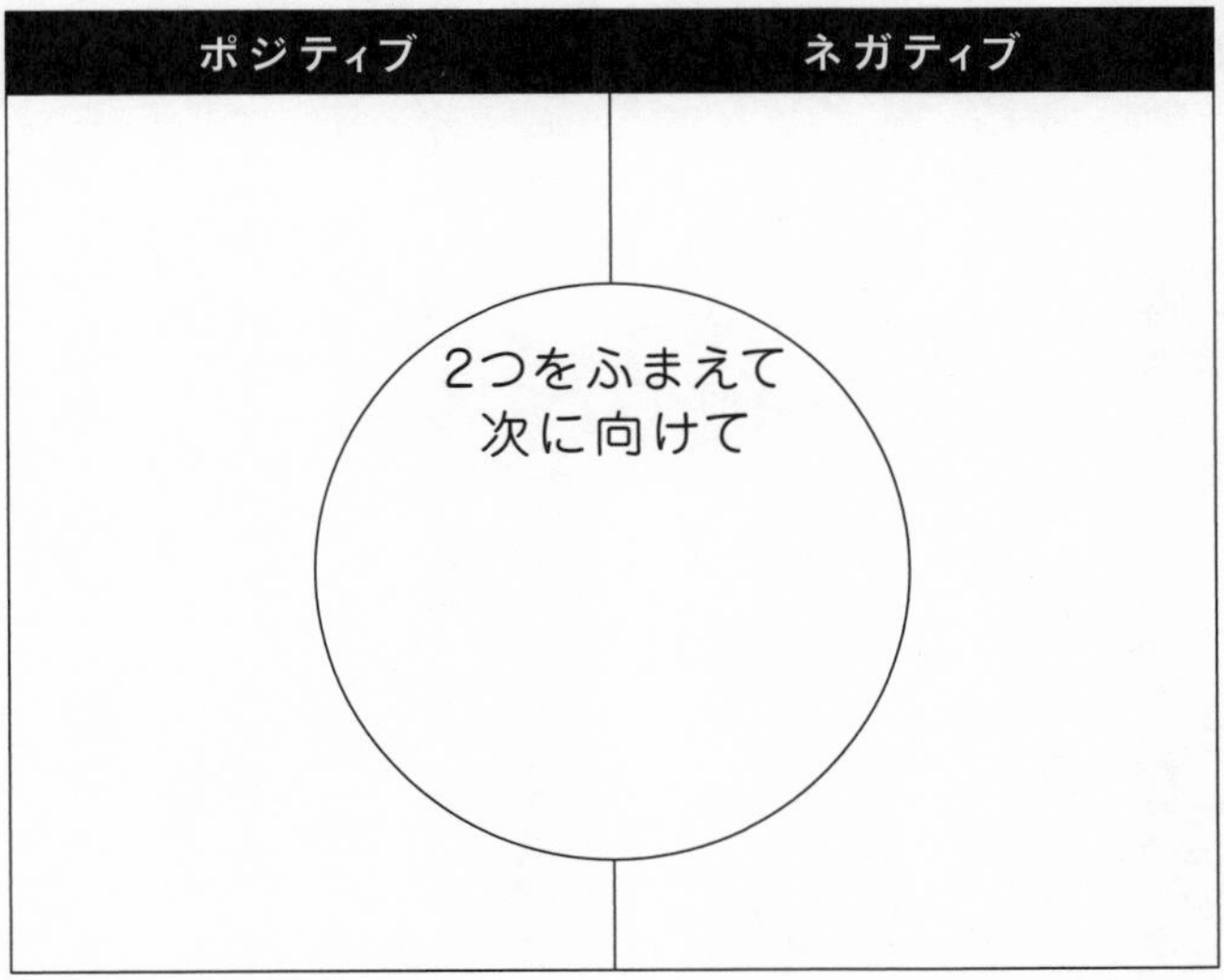

ころを並べて書いてみる。なにも文章にしなくてもいい。単語を書くだけでもかまいません。そのうえで、どんな自分になりたいかを考え、書いてみる。そうすることで、ぼんやりしていた自分の姿が、少しずつ明確になっていくはずです。

自己評価だけでなく、生徒どうしで評価し合う時間もつくります。ほかの生徒から見て、よかったことと悪かったことの両方を書いてもらうのです。ポイントは恥を捨てることです。

他者に自分を見つめてもらうことで、自分では気がつかなかったり、目を背《そむ》けていたりした自分の姿が見えてくることがあります。また、他者を評価することで、自分では気づかなかった自分のことがわかったりします。

とはいえ、自分を見つめる、自問自答するといっても、来る日も来る日もそんなことをしていては、頭が変になってしまいます。じっくり見つめるのは、ときどきでよいのです。そのかわり、毎日、その日の自分の気持ちをノートに書くことを習慣にしましょう。簡単な日記のようなものです。たとえば、数学の授業で「すごい」「面白い」と思ったこと。そして、その理由。それを書くのです。文字にすることは非常に大切です。記憶に刻まれますし、記録としても残ります。改めて、自分を見つめるとき、とても参考になります。

実はこれ、大学入試のエッセイを書くときにも、とても役に立ちます。知識だけではエッセイは書けません。自分の気持ちや感情の揺れ動きをつかんで、それを書かなければ面白いエッセイにならないからです。

エッセイを書くとは、“Who are you?”に答えることです。エッセイをとおして、自分が何者かを人に伝えることができているのが面白いエッセイです。はっとしたり、面白いと思ったり、ワクワクしたりすることは、人によってちがいます。表現の仕方も人それぞれです。同じ花を見ても感じることはさまざまです。なかには何も感じなかったり、思い出したくないことを思い出してしまう人もいるでしょう。その、人とはちがう自分の姿を書くことで、読み手には自分が何者であるのかが伝わります。それが面白いエッセイです。ラブレターと一緒です。知識だけの、だれが書いても同じようなエッセイでは、せいぜい、あなたにその知識があることしか読み手には伝わりません。そのようなエッセイは評価に値しないということです。

パーパスとは——自分を知ることは天命を知ること

自分は何者か、何をしたいのか。それを知ることは、天命を知ることです。自分が何者であるのか、何をしたいのかがわかれば、自分が社会で果たす役割やなすべきことがわかります。

それが天命です。ぼくは教育がぼくの天命だと思っています。

毎日、いやいやなと思いながら、先生や保護者や先輩からいわれたことをやるだけで、ぼんやり過ごしていたら、天命を知ることなどできません。大切なのは「問題意識」「目的意識」「パーパス」をもって、生きることです。パーパスは「目的」とか「目標」「意図」などと訳される英語ですが、「何かが存在する理由」「何かがなされる理由」などの意味もあります。「存在意義」とか「使命」「天命」といったほうがぴったりの言葉です。

何をするときでも、なぜそれをやっているのか、なんのためにやっているのかという問題意識をもつことが大切です。そうすることで、自分とは何者かが明確になり、モチベーションも上がります。

残念なことに、オワコンの学校には「なぜ（why?）」がないので、自分で問題意識をもちつづけていなければ、ついつい、ぼんやり過ごしてしまうことになります。

たとえば、微分と積分です。なぜ微分と積分が生まれたのか、なんのために使われるのか、考えたことがありますか。普通の学校ではそれを教えません。ただ公式を覚えさせて、問題が解けるように解法を教えるだけです。つまらないのは当然です。

微分が生まれたのは、２０００年も前の戦争がきっかけだったといわれます。投石器を使っ

図表28　**パーパスとは**

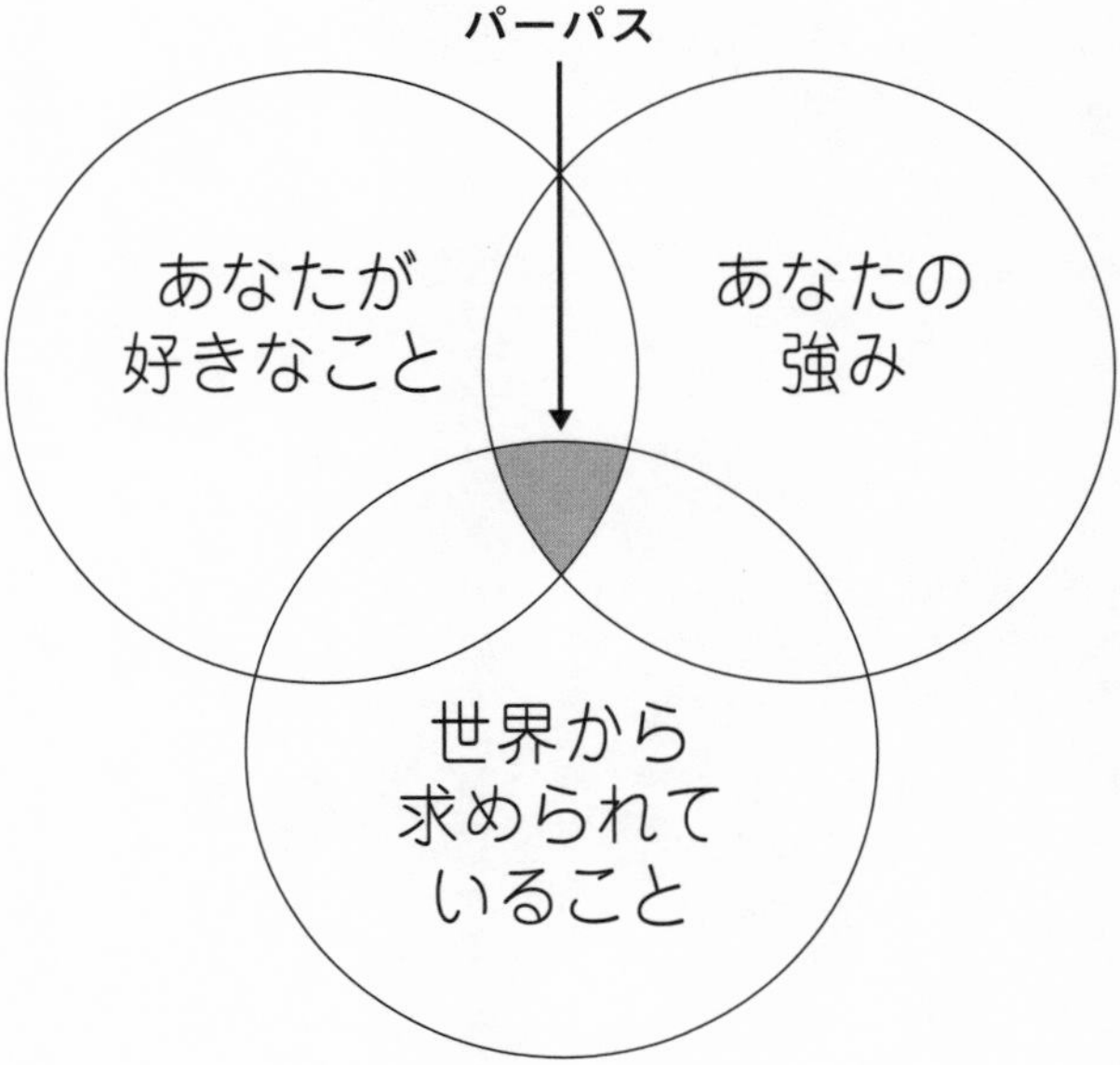

て敵の城壁を壊すために、石の軌跡を計算したのがはじまりの一つ。経験だけでは命中の精度は上がりませんし、経験豊富な投擲手《とうてきしゅ》が死んでしまえば、いくら投石器をたくさんつくっても宝の持ち腐れです。でも、計算法があれば、どこからどの角度で、どのくらいの威力で石をはなてば命中するか、だれにでもわかります。そのために微分法は生まれたのです。戦艦大和には歯車式のアナログコンピュータが搭載されていて、大砲が発射する砲弾の軌跡を計算していました。もちろん、微分法です。

そういうことを知っていれば、微分や積分がまったくちがって見えてくるでしょう。興味や好奇心が湧き上がり、数学や科学への興味も湧くかもしれません。勉強するモチベーションが上がり、自分がどんな人間なのか、つまり、自分は科学や数学が好きなのだとなるかもしれません。

反対に、そこに興味がもてなければ、ほかに興味のあることを探せばいいのです。

とはいえ好きなことをやればよいというわけでもありません。図表28のように、それが強みであり、かつ世界から求められているかという視点も大切です。

パーパスに気づくのに年齢は関係ありません。ぼくの学校でそれに気づいた先生の例を紹介しましょう。あるＩＴ教材を導入しようとなったときに、一番数学の授業がうまい年輩の先生が「ＡＩに乗っ取られる」と猛反対しました。

ぼくは、「まずは試してみましょう」というスタンスで、「なにかあったら見直すし、改善策も考えましょう。だからまずはやってみましょう」と試してもらいました。生徒はタブレットでドリルを解くので、先生は講義形式で話す必要はありません。そのぶん、生徒がどこでつまずいているかがすぐにわかり、対応することができました。その先生はこれまで生《なま》の授業をすることに喜びを覚えていたのかもしれませんが、授業の形が変わってもちがう喜びを得ることができる、授業をとおして生徒を応援することが自分の使命だということに気づいたのです。

後日その先生がぼくに、

「自分がしゃべらなくなったおかげで、つまずいている子が前以上にわかるようになった。個別対応ができるようになったので、導入してよかったです」といってくれました。

枠を外すからワクワクする

自分が何者かを知るために大切なのは好奇心です。ワクワクすることです。好奇心が強いとか弱いとかいいますが、好奇心がない人などいません。自分は人より好奇心が少ないと感じているとすれば、それはもともと好奇心が少ないのではなく、問題意識が薄いのです。目的意識とパーパスを意識していれば、自然と好奇心が刺激されることに出合います。これってなんだろう、なぜだろうと不思議に思う。そこからワクワクがはじまります。

このワクワクがないと学びはありません。いやいややるのは作業であり、学びではありません。ワクワクすることを見つけて、自分が何をしたいのかがわかってくれば、その手段として勉強するようになります。うるさく「勉強しろ」といわれなくても、目的がはっきりすれば、やる気は自然と出てくるものなのです。それが学びです。人からいわれていやいややってもワクワクしません。枠を外すからワクワクするんです。

たとえば英会話です。よくいわれることですが、英会話が上達する最良の方法は、英語しか話せない人に恋することです。その人のことをもっと知りたい、楽しく会話したい、好かれたいと願って、頼まれなくても必死になります。グローバル社会で生き抜くためとか、就職に有利だからといわれてもやる気になりませんが、「この人と友達になりたい」となれば、俄然《がぜん》、力が入ります。

ぼくは小学校の高学年をタイで過ごしたので少し日本語が苦手でした。でも、なんとかなったのは、ゲームの『信長の野望』にハマったからです。やたらとむずかしい名前の人が出てきて、読めないとゲームに参加できないので、必死になって勉強しました。目標がはっきりしていて、それが自分にとってどうしてもなしとげたいものなら、人は必死になって努力します。

他者との対話がないと本当の自分には気づけない

漠然《ばくぜん》と好きなことだけやっていても天命には気づけません。好きなことと天命は似て非なるものです。苦手だったことが実は面白いとわかったり、好きじゃないと思い込んでいたことが、実は好きだとわかったりして、ワクワクできれば、それが天命かもしれません。

一人では気づけないこともあります。友達や先生と対話してフィードバックを受ける。独りよがりにならないために、他者との対話が大切です。すでにお話ししましたが、ぼくは学生時代の師匠から、苦手なことをやってみることが人生の幅を広くするとアドバイスを受け、それなら教育だと思ってこの世界に飛び込みました。そこで天命を知りました。好きなパソコンとインターネットだけに没頭していたら、天命を知らないただのエンジニアになっていたかもしれません。

そんな他者との対話の時間をつくるために、箕面でも、武蔵野や千代田でも、ワークショップやグループワークを大切にしてきました。

テーマを決めて、それについて議論していると、同じ言葉が使う人によって微妙に意味が異なることがあります。つまり、人によって言葉の定義がちがう。そんなときは、話がかみ合わなくなったりします。たとえば、自由や平等という言葉は使う人によって意味が異なったりします。自由という言葉をどのような意味で使っているか、平等をどうとらえているか。それこそがその人の人生の背景やこれまでの経験を如実に示します。対話したり議論したりすることで、そのような互いの背景や経験をシェアする。それによって、「ああ、そんな見方もできるんだ」「そんなふうに考えたことなかった」という、〝アハ体験〟が起こり、自分の視野や世界観が広がっていきます。

友人との付き合いでも、自分が常識だと思っていたことが相手にとっては非常識で、怒らせてしまったりする。それと同じです。

フィードバックは質より量です。何時間もかけて、友達や先生からフィードバックを受けるということもときには必要ですが、それより、自分の考えや意見に対して、他者のちょっとした意見や感想を聞くという作業をくり返す、1時間を1回より、30秒を120回やるほうが効果的です。たとえば、ぼくはエッセイのアドバイスをするときは30秒くらいで一つの話をして返すようにしています。そして、一緒に考え、またもってきてもらうのです。朝もってきてフィードバックして、昼休みにもってきて、さらには放課後にもってきてということもよくあります。ポイントは、お互いに腹を割る、否定しない、1分とか30秒とか時間を決める、そして一緒に考えることです。

もちろんぼくもフィードバックを受けるのは日常茶飯事です。小学校をタイで過ごしたぼくは、日本語が苦手です。自分が伝えたつもりでいることと、相手が受け取っていることがちがっていたりします。それでは困るので、先生方にはぼくがいっていることがよくわからなかったら遠慮せずに、わからないといってほしいとお願いしています。生徒への通信文や、卒業式や入学式の大切な式辞なども、先生たちに厳しく添削《てんさく》してもらっています。

図表29 **フィードバックのポイント**

［受ける側］	［する側］
□ 時間を決める（短時間で）	□ 否定しない
□ 恥を捨てる、かっこつけない	□ 具体的に
□ 全部を取り入れなくてもいい	□ 一緒に考える
	□ 相手の話に反応する、うなずく

日本の学校に圧倒的に足りない「心理的安全性」

フィードバックでもう一つ大切なのは、生徒どうしや生徒と先生でフィードバックを行うときには、対等な関係でお互いを認め合うことです。とくに日本では、人間関係の基本は対立を避けることですから、日常的に他者から批判を受けることに慣れていません。そのため、批判にすぐに傷ついてしまう人が少なくありません。フィードバックの結果、自分や相手が傷ついてしまっては、実りあるフィードバックにはなりません。ですから、その前提条件として、対等な関係であることと互いを認め合うことが非常に大切なのです。フィードバックとは他者からの批判を受け入れることですから、そのことで傷ついたりしない、「心理的安全性」を確保していることが大切なのです。

ブレインストーミングには「批判しない、自由に発言できる、質より量、連想と結合」という4つの法則がありますが、フィードバックもそれと同じで、かりに自分の意見とちがっても「いいですね。それではこうしてみませんか?」と、まずは相手の意見を肯定して受け入れたうえで、さらに自分から提案する、つまり「Ｙｅｓ、Ａｎｄ」の考え方が重要です。

メンバーが弱さを見せられる組織は強いという研究があります。その研究によると、仕事の

図表30　**心理的安全性のための4つの要素**

①話しやすさ

「何をいっても大丈夫」

- みんなが同じ方向を向いていても、反対意見をシェアできる
- 問題やリスクに気づいたときに声を上げられる
- 知らないことがあるときにフラットに尋ねられる

②助け合い

「困ったときはお互い様」

- 問題が起きたとき建設的に解決策を考えられる
- いつでも相談にのってくれる
- 減点主義ではなく加点主義

③挑戦

「とりあえずやってみよう」

- チャレンジが損ではなく得だと思える
- 前例がなくても取り入れられる
- 多少非現実的でも「やってみよう」と思える

④新奇歓迎

「異能、どんとこい」

- 役割に応じて強みや個性を発揮することが歓迎されている
- 常識にとらわれずさまざまな視点を持ち込むことを歓迎される
- 目立つこともリスクではない

石井遼介『心理的安全性のつくりかた』より作成

時間の半分を「自分をかっこよく見せるための無駄ないいわけの時間」に費やしているのだそうです。つまりはマウンティングです。そこで、弱点に付け込まれるかもしれないという恐怖を乗り越えて、弱いところや苦手なことを互いにオープンにすることで、みんなで助け合う強い組織になれるのだというのです。

しかし、日本ではほかの人の意見や提案に対し、「いかがなものか」とまずは首をひねる「弱否定」が多くの場面で見られます。あるいは「いいですね。でも……」と「Yes、But」となってしまう。これでは自由なアイデアの発想を遮断するだけです。ひどいときには「だれに口きいとんねん」と怒ってしまう人もいます。さらには、日ごろの行いという名の下に、人によって反応をころころと変える人もいます。「○○さんがいったことだから正しい」「△△くんは若いのに生意気だ」と特定の取り巻きや信頼を置く人の話ばかりを優遇するような日和見《ひよりみ》主義者です。つまり何をいったかではなく、だれがいったかで物事が決まるケースです。

そうではなく、「Yes、And」の考え方と、「だれがいったかではなくて何をいったか」を重視する、これだけは覚えておいてください。

多様性を尊重することも大切です。これまでも多様性、ダイバーシティが大事だということはお話ししてきましたが、そもそもなぜ多様性が必要なのでしょうか。それは常識の幅が広がるからです。日本人だけで集まると日本人の常識でしか物事を考えなくなるので、そこを乗り越えるのがむずかしい。アメリカの社会が強靭《きょうじん》で次々とイノベーションが生まれるのは、多様な民族、宗教、文化のもち主が集まっているため、相手の話を聞き、自分の考えを説明したうえで合意形成しなければならないからです。つまり、「異なる常識」が集まってはじめてイノベーションが起こるのです。

「受け入れる」「合意形成」と聞くと我慢することかと思う人がいるかと思いますが、ちがいます。我慢ではなく互いに理解し合うことです。あるインド人の生徒の親との話です。いつも「お金がない」といって学費を払ってくれません。担任の先生もあきらめていたのですが、ぼくがいろいろと調べて、日本でビジネスをしていてお金をもっているはずなのを突き止めました。そして、面談で調べたことを伝えると、すぐに学費を払ってくれました。本人としては交渉しているつもりだったのです。文化、常識のちがいです。その後、「こんなことをいう日本人ははじめてだよ」と仲よくなりました。

留年寸前から世界150位の大学へ

フィードバックに関係して、忘れられない卒業生がいます。箕面高校の教え子でした。彼は非常に頭のよい、つまりIQ的には優れた生徒でしたが、学校の成績は芳しくありませんでした。2年生のときの評価では5点満点の総合評価で2・2か2・3しかなく、留年すれすれで進級したほどです。その彼が夏のボストンの短期留学に参加して、変わりました。

短期留学に参加する前の彼は、ひと言でいうと、まったく他者の話を聞けない生徒でした。集中力は抜群で、興味のあることには秀でた才能を発揮するのに、他者の話はまったく耳に入らない、そんな天才肌の生徒でした。

ボストンでは、チームで課題解決に取り組みます。でも、彼は自分の主張をするだけで人の意見は聞きません。そのうえ優秀ですから、まわりは嫌気がさします。そのうち、チームは解散となってしまい、彼はどのチームにも入れませんでした。「お前と一緒はいやや」とみんなに避けられてしまったのです。

そのつらい経験を経て、はじめて「このままじゃダメだ」と気づいたようです。これまで散々まわりからいわれていたのに気づけなかったのが、人の話に耳を傾けることの大切さに気づき、そこさえ改善できれば、自分はもっとよくなって、社会を変えるようなことができると思ったのです。彼に訪れた転機です。

そのときから、彼は他者の話が聞けるようになりました。それまでいえなかった「ごめんなさい」や「助けてほしい」もいえるようになった。もともと、優秀な生徒でしたから、フィードバックの重要性に気づいたら、あとは伸びるだけでした。

自分一人では無理でも、チームでやればできることも学びました。高校3年生のときには、100万円ぐらいの資本を元手に、コンピュータプログラミングの塾をつくって成功し、高校生が始めたベンチャーと話題をよび、新聞にも取り上げられるほどの成功を収めました。そして、その事業をあっさり手放し、オーストラリアのアデレード大学に進学しました。日本ではあまり知られていませんが、世界の大学ランキングでは150位に入る大学です。しかも、入学後、成績上位3%に入って学長表彰まで受けています。

彼の変身ぶりを間近に見て、ぼくにも反省がありました。高校での生徒の評価システムです。日本の学校の、といって悪ければ、それまでの箕面高校の評価法では、世界ランク150位の大学で成績上位3%に入る潜在能力のある生徒を、留年させてしまったかもしれないのです。

日本の高校の評価法は、作業力検査のシステムとしては優れているかもしれませんが、それだけで生徒を評価していては、それでは測れない生徒の潜在能力を見落としてしまう危険性があります。彼を見ていて、それがはっきりとわかりました。

もちろん、先生方にもお願いして、評価法の改善を研究してもらいました。そして、それまで比重の大きかったペーパーテストの点数を、評価基準の4割程度とし、クラス活動における貢献度や課外活動などの行動評価に重点をおく評価法に変更していきました。

奴隷偏差値か勇者偏差値か

第2章でお話ししたとおり、箕面でも武蔵野でも、校長就任後、生徒の偏差値は上がりました。でも、それは結果であって目的ではありません。生徒の偏差値を上げようと思って何かをしたことは、一度もありません。ぼくがやってきたのは、この本で話しているようなことを生徒に伝えること。生徒のワクワクを引き出しオーナーシップをもつ機会を提供すること。生徒が何かに挑戦できる環境をつくること。そんなことだけです。先生たちにも成績を上げるために補習をしたり、受験対策に力を注いだりすることは、やめてもらいました。スパルタで無理やり勉強させられて成績が少しぐらい上がっても、それは「奴隷偏差値」です。偏差値エリートになったとしても、これからの社会では役に立ちません。

成績を上げるために何かをしなくても、生徒たちの偏差値は上がりました。それは「ワクワク偏差値」です。何かにワクワクして自分のやりたいことを見つけ、手段として自ら勉強して偏差値が上がった生徒は、必ず、社会の問題を解決できる勇者になります。

事実、「ワクワク偏差値」の勇者のほうが大学での成績もよいといわれています。早稲田や東北大といった難関大学ではＡＯ入試（総合型選抜）や推薦入試（学校推薦型選抜）で入学した学生の成績評価が、一般入試の学生に比べて高いという調査結果が出ているのです。また、一般入試組は大学合格が目標になっていて、入学してから伸び悩む学生がいるという分析もあります。

「奴隷偏差値」のエリートになるか、「ワクワク偏差値」の勇者になるか、どっちを選びますか、という話です。勉強はあくまで手段です。目的ではありません。それをまちがうと、勉強はつまらなくなります。

教養とは自由になるための技術——勉強はコスパがいい

かという話です。
ナポレオンが面白いことをいっています。やる気と能力、どの組み合わせが人材として有用
「やる気もなく能力もない人」は、さっさと前線に送り込んで死んでもらう。「やる気はあっても能力がない人」は、やはり、残念だけど前線で死んでもらう。では「やる気もあって能力もある人」はどうでしょう。最高やと思いますか。ナポレオンは別の見方をしています。「やる気も能力もある人」は前線の司令官として、やっぱり死んでもらうのです。彼が重用《ちょうよう》したのは、「やる気がなくて能力の高い人」でした。怠け者だから効率的に戦おうとするところが軍人として最適だ、というのです。もちろん、やる気がいけないという話ではありません。知識とスキルが重要だという話です。
知識を得るにはいろいろな方法がありますが、一番コスパのいいのが勉強です。人間は勉強することができます。そこが人間とサルのちがいです。最近ではサルもかなり学習をすることが知られていますが、情報や知識を文字に残して他者に伝達する人間の勉強とは天と地ほどの開きがあります。

サルは知識をほとんど蓄積できませんが、人間には蓄積がある。代々伝わる基礎・基本を学ぶことで、いろいろなことをショートカットできます。たとえば、月と地球はどれだけ離れているか。なんの蓄積もなくそれを考えていても、一生それに没頭したとしてもおそらくだれも答えを出すことはできないでしょう。けれど、それを知っている人に聞けば、答だけでなく、なぜそうなのかということも含め、知ることができます。

つまり、勉強すれば、先人たちが長い時間をかけて受け継ぎ、付け足してきた知識を、時間とコストをかけずに得ることができるのです。社会に出たとき、時間とコストをショートカットできれば、おカネがついてきます。労働生産性が上がるからです。技術や知識があるかないかで、稼げる量が変わってくる。それがいまの社会です。だから、勉強はコスパがいいのです。

教養かそれとも実学かという二項対立的な論争がありますが、無意味です。そもそも、教養とは英語でリベラルアーツといわれるように「自由になるために必要な技術や学問」です。明日から仕事にすぐ使えるＴＩＰＳでも、世界のビジネスエリートが知っているものでも、そのことで優越感に浸るためのものでもありません。そもそも、リベラルアーツを教養と訳すのが誤りだと思います。福沢諭吉の『学問のすゝめ』には「実用性のない学問は後回しにして、一生懸命やるべきは、普通の生活に役立つ実学である」とあります。これを読むと実学が大事だと思うでしょう。しかし、そこではそろばんや帳簿のつけ方に加えて、地理学や物理学、歴史学など一見すると教養と思われるものもあげられています。さらに、「物事の道理をつかみ、人としての使命を知ることが目的だ」とも書かれています。つまり、大切なのはオーナーシップとパーパス。目的のない学びには意味がないのです。

ぼくが校長になるきっかけとなり、同志だと思っているエンジェル投資家の瀧本哲史《たきもとてつふみ》さんは生前「読書とは、本に書かれていることをそのまま鵜呑《うの》みにするのではなく、批判的に読むことで自らの血肉となる。格闘技です」と話していました。

だから、若いうちはひたすら本を読んでください。

書いてあることが全部わからなくてもいいのです。読むことが大切です。いまはわからなくても、必ず、わかるときはくるし、読んでいたことが役に立つときもやってきます。ぼくの高校や大学時代の師匠は、学生に年間3万ページの本を読めといっていました。つまり、1日100ページ近くです。そういわれて、ぼくは本を読みふけりました。

本を読めといわれても、何を読んだらいいかわからない。そう思うのは当然です。でも心配いりません。なんでもいいのです。少しでも興味をもった本、気になる本、そういうのを片っ端から読めばいいんです。年間3万ページなら、1冊200ページとして150冊。何を読もうか迷う前に、気になる本をどんどん読むことです。本屋や図書館で書棚の前に立ち、タイトルや表紙を見て、「これいいな」と思った本が、あなたの読みたい本です。とにかく乱読です。本を読めば読むほど、あなたの世界はクリアになり、そしてあなたにとっての「ワクワク」に出合えるチャンスが広がります。ぼくの友人はよく「読書はぼくたちをグーグルマップにする」と話しています。大量に読書すると、あるとき突然全体が見え、自分の望む場所がどこかわかるようになるのです。そうすると、興味がふくらみます。ワクワクに出合えば、自分が何者か、自分が何をしたいのかがわかってきます。

それでも迷うなら、まずは、新書を読んでみましょう。新書は入門書で、さまざまな分野の専門家が、初心者にもわかりやすく専門分野の魅力を教えてくれます。新書を読みあさってあきてきたら、文庫本や古典などに移って、より深い世界に踏み込んでいきましょう。古典なんか面白くないと思うかもしれませんが、ちがいます。古典のなかには紀元前に書かれたものもあります。数百年前のものはざらです。そんなに長い間、人々に読み継がれてきた本が、面白くないわけないのです。面白くないとすれば、それは本が面白くないのではなく、その本の面白さをわかる知的体力が足らないということです。だから、とにかく読む。読むことで知的体力がついてきます。そして、いつか作者と「対話」できる日が必ずきます。

3 自分の人生の舵を握ろう

ロッカーの整理が成績アップの第一歩

勇者になってほしいということはわかった。そのためには自分との対話が必要だということもわかった。日々気づいたことを記録して、友達とシェアしてフィードバックし合うことも大事だとわかった。でも、何からはじめればいいかわからない、という質問をよく受けます。

まず大事なのは、日々の生活をおろそかにしないことです。ちゃんと授業を聞く、ノートを取る、人の話を聞く、本を読む、もし時間があれば旅をしてほしい、そう思っています。人に会う、本を読む、旅をする。これ、ドラクエと一緒です。

生活が乱れているなら、それを正すことが大切です。以前、いわゆる「しんどい学校」のお手伝いをしたときのことです。そこで感じたのは、家庭環境が荒れている場合、あいさつする、朝ごはんをちゃんと食べる、時間どおりに登校する、鞄やロッカーをきれいに使う、そういった基本的なことができていないことが多いのです。実はぼくも昔はそうでした。

ロッカーのなかを見ると、その生徒の成績はだいたい予想できます。成績の悪い生徒のロッカーは、たいていぐちゃぐちゃです。

成績は一番下のほうだったのに、毎日のロッカーの検査だけで成績が伸びて、大学に進学した生徒がいました。

最初にロッカーを見たときには、カビの生えたサンドウィッチが出てきたほどでした。そこで、毎日2回、ロッカーをチェックすることにしました。はじめのうちは、「ロッカーを見せなさい」というと、「それは勘弁してください」と抵抗していましたが、最終的には自分から、「先生、ロッカー、今日は大丈夫っす」といってくるようになり、成績も上がりました。

「たったそれだけのことで?」と思われるかもしれませんが、ほんとうに、彼に指導したのはそれだけです。それだけで、がらりと変わりました。それほど、基本的な生活習慣は大切なのです。

「とりあえず大学に行く」はやめる

箕面高校では多くの卒業生を海外の大学に送り出しました。武蔵野でも海外の大学への進学希望者が年々増えています。そんなこともあって、「日野田先生は生徒をハーバードに行かせたいんですか。東大に行かせたいんですか」とほかの学校の先生にきかれることがあります。はっきりいって、そんなことはどうでもいいのです。生徒を大学に行かせたいとも思っていません。ぼくにも2人の息子がいますが、一人の親として一番心配なのは、息子が「がんばって東大に入ったけど、結局、ニートになりました」という状況になることです。

学生のうちに身につけるべきことは意思決定です。自分で物事を決めることはとても重要です。小さいころから習い事を多くさせられ、親のいいなりになってきた子どもは不登校になる確率が高いという調査もあるくらいです。

大切なのは、ワクワクに出合うこと、自分が何者かを知ること、天命を知ることです。勉強や大学はそれを見つけるためや、目標に近づくための手段にすぎません。もし、すし職人になることが天命だ、一流のすし職人になって社会に貢献したいと願うなら、大学に行くより、すし屋で修業したほうが絶対にいいのです。

一番いけないのは、何がやりたいかわからないから、とりあえず大学に行く、という選択です。大学に行く目的がなければ、行くべきではないかもしれません。一度、社会に出て働いてみてから大学に行くという選択肢もあります。働いてみて、自分にはこれが足りない、もっとこれを勉強したい、キャリアアップのために資格を取りたい、といった目的ができてから大学に行っても遅くはありません。アメリカではそういう人はめずらしくありません。日本では、目標も目的もなく、とりあえず大学に行く人が増えた結果、世の中はニートであふれています。すし職人になりたいといったら、周囲から反対され、とりあえず、大学だけは卒業したほうがいいと説得されることが多いと思います。でも、自分の人生です。だれも責任を取ってはくれません。自分の人生の舵は、しっかりと自分で握っていてください。失敗してもいいからやってみるということが大事です。

日本の教育は単一のシステムで、ゴールには大学しかありません。でも、社会にはさまざまな職業があって、天命も人それぞれです。すし職人になるのに大学に行く必要はありません。もちろん、大学でいろいろなことを勉強して、さまざまな世界を知ってからすし職人になるのも一つの方法です。一方、一日でも早くすし職人の技術を身につけるという道もあります。にもかかわらず、日本の教育システムは、そんなことにはおかまいなしで、とにかく大学をめざします。

究極のゴールは東大です。サバイバルゲームと同じです。その単一のシステムが歪《ゆが》んだ社会を招いてしまいました。3000人しか入学できない東大をめざして、劣等感に苛《さいな》まれる社会ができてしまいました。社会全体が劣等感の塊になっています。アホか、と思います。そんなサバイバルゲームには目を向けず、まず、ワクワクを探してください。東大に行くなというのではありません。目的意識、問題意識、パーパスが先です。

大学を選ぶときには、ブランドではなく先生を選ぶ。これが基本だと思います。自分が勉強したいことがあったら、その分野の論文を読んでみることです。ぼくはよく「大学の論文は先生からのラブレターや」と話しています。自分が面白いと思う論文、もっと知りたい、勉強してみたいと思わせてくれる論文を書いた先生が、あなたが学ぶべき先生で、その先生がいる大学が、あなたが選択すべき大学です。偏差値やブランドで大学を選ぶべきではありません。

箕面高校時代に、大阪大学に合格できる成績であったにもかかわらず、偏差値でもブランドでも阪大には及ばない私立の医療系の大学に進学した生徒がいました。彼は論文を読んでいたわけではありませんが、オープンキャンパスで出会った先生に心酔し、その先生にぜひ学びたいと考え、その大学に進学しました。校長としては、高校のイメージアップのために、阪大に合格できる生徒には阪大に行ってほしいところでしたが、本人がその先生に学びたいと思うなら、それが一番いいと思いました。

日本を変えてきたのは外国人と留学生

ぼくは日本の大学より世界ランキングが高いからとか、学歴社会で上をめざすためといった理由で、卒業生を海外の大学に送り出しているわけではありません。大学は日本にしかないわけじゃないよと、選択肢を示しているだけです。わざわざ遠い外国に行かなくても、日本にもいい大学はたくさんあるという人がいるかもしれません。でも、チケット1枚ですぐに海外に行ける時代です。海外はご近所さんです。遠くはありません。遠いのは地理的距離ではなく、心の距離です。

大志を抱くみなさんにはぜひ、チャレンジしてほしいと願っています。歴史を紐解くまでもなく、日本の歴史を動かしてきたのは外国人と留学生です。聖徳太子が活躍した飛鳥時代には、朝鮮半島をとおって大陸からやってきた渡来人が中国の仏教や先進的な技術を日本列島に伝え、日本の社会は大きく変化します。聖徳太子は大陸の文明に学ぶため遣隋使《けんずいし》を派遣し、それは遣《けん》唐使《とうし》へと受け継がれていきます。そして、遣隋使や遣唐使として大陸に派遣された留学生たちが、帰国後、日本の社会を変革していきました。その象徴が弘法大師《こうぼうだいし》空海《くうかい》です。空海は真言密教を日本にもち帰り真言宗を開いたばかりでなく、航海技術など先進的な技術も伝えました。

戦国時代の日本社会を大きく動かしたのは、外国人宣教師によって伝えられた鉄砲です。鉄砲の伝来により、国内での戦争は劇的に変わりました。その技術をいち早く戦術に取り入れ、天下統一の道を開いたのが織田信長です。

幕末から明治期の日本の変革の原動力となったのも留学生です。新しい一万円札の肖像になることが決まり、ＮＨＫの大河ドラマの主人公として脚光を浴びた渋沢栄一もその一人です。渋沢は１８６７年にパリ万国博覧会の使節団の随員としてパリに留学し、株式会社や銀行のシステムを学び、帰国後、日本で初めて株式会社や銀行を設立し、勃興期《ぼっこうき》にあった日本の資本主義に大きく貢献しました。

このように、外国人や留学生が日本の歴史に果たした役割は枚挙に暇《いとま》がありません。海外での経験は大きな武器になります。その意味では、日本を変えたいと思う同志には海外進学をすすめます。

アウェー体験があれば強くなれる

日本を変えるためには日本のなかにいるだけでは無理です。日本という社会のなかにいて、そこで教育を受け成長すれば、自然と日本の文化がしみついてしまいます。その本質は、異質なモノの排除と忖度《そんたく》の文化です。和を乱す者は排除し、全体の空気を察知して、いうべきこともいえない、そういう文化がまといついてしまいます。日本を変えられるとしたら、広く日本の外の世界のことを知り、排除と忖度の文化をまとっていない、海外からの帰国者です。

いまの時代、わざわざ海外に行かなくても、インターネットを使っていくらでも交流できるでしょ、という人もいるでしょう。けれど、画面越しの交流と実際に住んでみるのとでは雲泥の差があります。住んでみてはじめてわかることもたくさんあります。驚きから、発想の幅が広がります。ぼくは箕面から武蔵野に移るときにはじめて、大阪から東京に出てきましたが、同じ日本国内でもびっくりしたことは数えきれません。たとえば、歩いていてもだれとも目が合うことはありません。ゲームでたとえるとNPC《ノンプレーヤーキャラクター》です。大阪に比べると他人に興味がない人が多いことも強く感じました。

大切なのはアウェー体験です。家族や親しい友人から離れ、一人ぼっちでだれも知っている人のいない世界に飛び込んでいく体験です。それは人をたくましくします。紅白戦ばかりで、対外試合をしないと強くなれないのと同じです。

アウェー体験がないと、社会を変えるモチベーションも生まれません。慣れ親しんだところで快適に暮らし、その社会になじんでしまうと、社会を変えるメリットに気づきません。外に出てみないと、いまいる場所の欠点だけでなく、よさに気づくこともできません。変えるべきところと維持すべきところの見分けもつかないでしょう。他国の文化を知り、日本の文化を相対的に見ることができるようになれば、自国の文化への理解が深まります。

日本の強さは「まあまあ力」

日本がだめだといっているのではありません。外国に出てみてはじめて気づく日本のよさは山ほどあります。日本にいて偏差値38はかなり厳しいものがありますが、日本の偏差値38は、世界では50ぐらいにぼくは感じています。つまり、全体のレベルが高い。また、社会基盤も盤《ばん》石《じゃく》です。電車やバスが時刻表どおりに運行されるのは、日本ぐらいです。

調整力にすぐれているのも日本人の長所です。グローバル社会やダイバーシティの社会はある意味、文化と文化の対立する社会でもあります。ときには文化的背景の異なる人どうしが激しく対立することもあります。そんなとき、日本人の調整力が力を発揮します。つまり、「まあまあ」といって、けんかしている2人の間に入って、両者のいい分を聞いて、それぞれに相手の気持ちや考えを優しい言葉に翻訳して伝え、落としどころを探る力です。中庸さは文化的な対立が激しさを増すこれからの世界でますます求められるのではないでしょうか。

友人があるグローバル企業からのオファーを受けたときの話です。タイの現地法人のマネージャーを頼まれたそうです。一度は断ったものの、再度オファーがあり、そのときは当初の倍以上の金額が提示されました。そこでいわれたのが「いま求められるのは、お互いのカルチャーをわかって相手の話を聞き翻訳して間に入ってくれる人。日本人はけんかが苦手だから仲裁するのに適任」なのだそうです。最終的に就任したのはブラジル人でした。こちらは対立があってもアハハと陽気に流すことができるからというのが理由だったそうです。

このように、中庸を体現できる日本人の需要はありますが、それはただ英語ができるだけの人ではありません。自らを知り他者を理解し、なおかつ英語ができる人です。ぼくがいたころのタイもそうでしたが、治安のよくない国で相手を軽々しく論破してはいけません。相手によっては恨まれてしまいます。いまの日本は「論破」が流行していますが、これはとても危険です。交渉では「わざと少し負けておく」がミソです。議論では勝ちをゆずり、相手を気持ちよくさせておくと、交渉はうまくまとまります。

2050年の時代を社会の中核として背負っていかなければならない人たちにとって、日本はもはや経済大国ではありません。大国に挟まれた中堅国です。いまの世界でいえば、オランダやトルコのような立ち位置です。もはや、日本に閉じこもっていては生きていけません。言葉や文化、習慣を異にする外国の人たちを相手にしたり、同僚となったりして仕事をしなければ生きていけないのです。他国の文化、習慣、宗教などをリスペクトしつつ、対等に渡り合って対立や課題を解消していく。そういう能力が求められます。

そのような能力を身につけるには、若いうちに、大学という厳しい環境のなかで、海外での生活を経験するのが効率的です。海外の大学は日本の大学のように甘くありません。必死に勉強しないと、卒業できません。

社会をリデザインする視点

世の中にはおかしなことがたくさんあります。これまでも指摘してきたように、失敗が許されない社会はその典型です。身近なところでは校則がそうです。そのようなおかしなことには、「おかしい」と声を上げなければいけません。そして、不満や文句をいうだけではなく、代案を示す、改善案をつくることがより重要です。それが社会のリデザインです。

日本では、18歳になると選挙権を得ます。選挙はだれもがもつ社会変革の手段です。高校3年生の年の誕生日に選挙権を得ます。選挙権を得たら、だれに投票するか、どの政党を支持するか、考えたことがありますか。18歳以上ならば1人1票の選挙権があります。でも、本当に平等でしょうか。おかしなところはないでしょうか。

敗戦後、日本でも成人女性も選挙権を得て普通選挙が実施されました。当時、全人口に占める有権者の割合は48％でした。いまは全人口の89％が選挙権をもっています。なぜ、選挙制度は変わっていないのに、人口に占める有権者の割合は2倍近く増えたのでしょうか。

簡単なことです。戦後まもなくの時期には20歳未満の人口が51％いたということです。いまは、人口の89％が18歳以上です。世代的には、いまの73歳は200万人、18歳は110万人です。一票の格差では各地域における有権者当たりの議員数だけが問題視されていますが、世代による一票の格差もあるのではないでしょうか。73歳の世代には200万票あって、18歳世代には110万票というのがいまの選挙制度です。

日本の借金返済や地方交付税以外に使える日本の国家予算は約67兆円（２０２２年度）で、そのうち社会保障費は36兆円、教育費は５兆円です。有権者の多数を高齢世代が占めているとはいえ、教育費の低さが目立ちます。民主主義はだれのためにあるのか。そこから考え直し、選挙制度は見直すべきではないのか。70年以上前につくられたルールをそのままにしておいていいのか。このような議論が日本だけでなく少子高齢化を研究している海外の大学でも議論されています。そういうことを考えるのが、社会をリデザインすることです。

もちろん、選挙制度は一例にすぎません。みなさんの住む社会にはさまざまなおかしいことがある。その一つひとつに声を上げ、自分たちがより住みやすい世の中に変えていく。社会全体の問題だけではありません。身近なところにも、おかしなことはたくさんあるはずです。それを一つひとつ解決していく。社会をリデザインする勇者にぜひ、なってください。

クレイジーになろう

世界を変えてきた人の多くは、まわりからはクレイジーだと評されていました。いまの社会を牽引してきたグーグルやマイクロソフトなどのＩＴ企業の創始者たちもそうです。

クレイジーといっても頭がおかしいという意味ではありません。まわりからはどうかしていると思われるほど、一つのことに熱中できたり、パワフルであったり、発想力が豊かであったりするということです。

自分には無理？――。そんなことありません。クレイジーな人たちがすべて天才であったわけではありません。才能や環境に恵まれていたわけでもありません。くり返しになりますが、彼らに共通しているのは、決してあきらめない、ねばり強くあきらめが悪いことです。やりとげる強い意思さえあれば、だれだってクレイジーになれます。松下幸之助さんがいっているとおりです。あきらめなければ失敗は失敗で終わることはありません。経験となり、成功につながります。

絶対に初志貫徹せよ、といっているのでもありません。あきらめないことと同じくらい大切なのは、変化を恐れないことです。変化と変節はちがいます。

蝶は幼虫から成虫になる前に蛹《さなぎ》になります。脱皮という体の組織が変態することで、まったくちがう姿に生まれ変わるのです。それを変容といいます。

人生一筋縄ではいきません。頑固一徹では行きづまってしまうこともあります。まわりから刺激や影響を受け、生まれ変わることも人生においては大切です。行きづまっても挫折しても、そのたびに、人は成長します。そのときに新しい自分に生まれ変わって、新しい世界観が広がれば、世界に貢献できる新しい自分と出会い、新しい道が開けてきます。

人は変化を恐れます。自分を壊すことだからです。しかし、スクラップ・アンド・ビルドです。壊すことを恐れてはいけません。自分はこうだと決めつけないでください。やることや具体的な目標は変わってもいいのです。肝腎なのはあきらめず、変態しつづけることです。このように新しい自分に生まれ変わることを恐れないのがぼくのいうクレイジーです。

ヒーローズ・ジャーニーという理論があります。再生と破壊をくり返して、人は強くなっていくというものです。ジョーゼフ・キャンベルというアメリカの神話学者がさまざまな神話を分析して理論化しました。ヒーローの旅路には典型的なパターンがあるというのです。

かいつまんで紹介すると、まず、天命を受けたヒーローは日常を離れ旅へと出発します。旅の途中、国境を越え、新しい世界でさまざまな困難に直面し、師と出会います。そして悪魔と対決する。その対決のなかで、出会いや別れを経験しながらヒーローは変容していきます。変容をくり返しながらヒーローは天命を全うし、故郷へ帰っていきます。これが、ヒーローズ・ジャーニーです。

天命を知り、新しい世界に旅立ち、出会いと別れをくり返し、自らを変容させながら困難に

図表31　ヒーローズ・ジャーニー

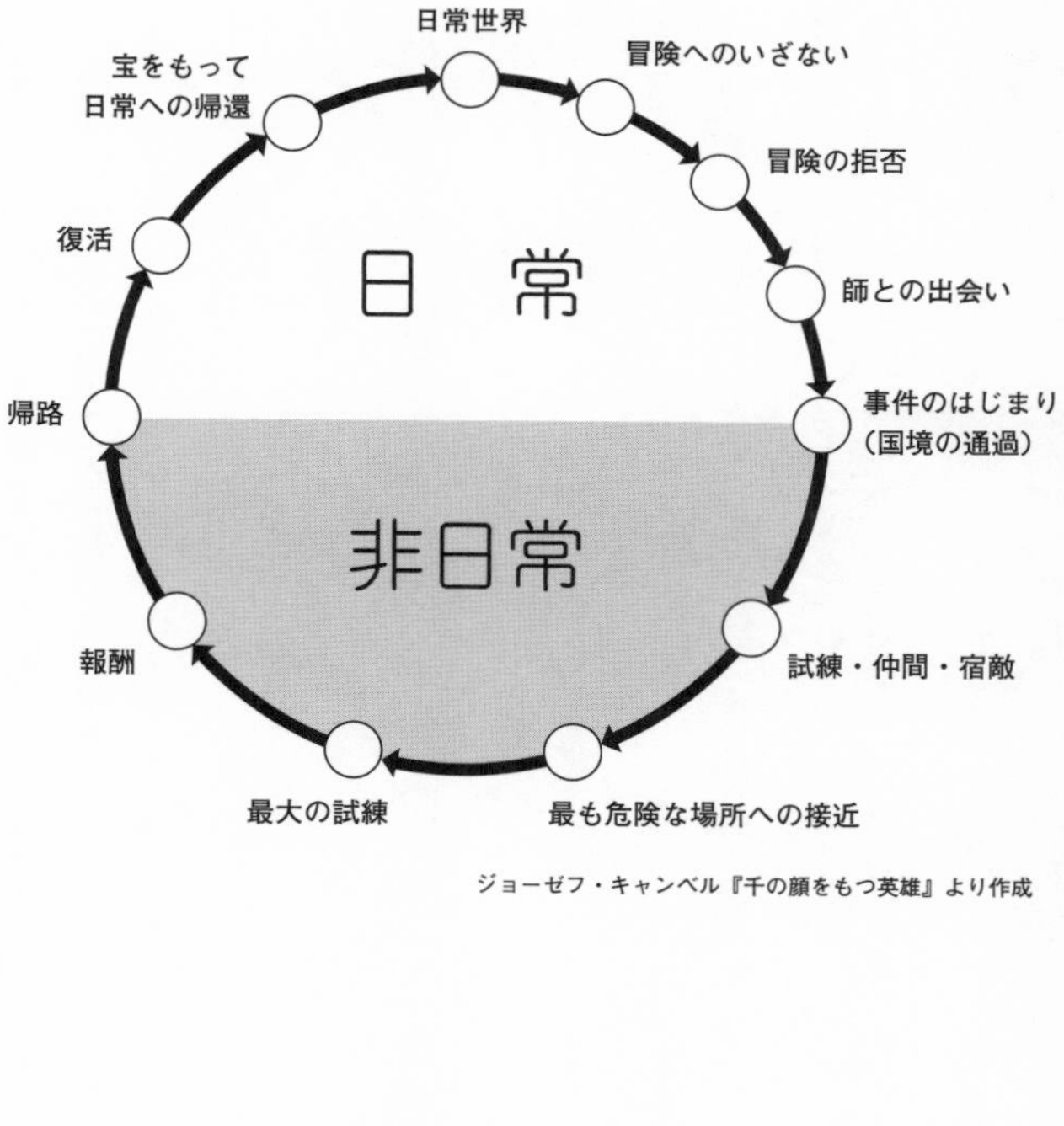

ジョーゼフ・キャンベル『千の顔をもつ英雄』より作成

立ち向かう。勇者はこのような過程を経て、強くなっていくのです。行きづまったとき、迷ったとき、苦しいときには、ヒーローズ・ジャーニーを思い出してください。自分が旅路のどこにいるかがわかるはずです。自分の立っている場所がわかれば、勇気が湧いてきます。

人生は逆張り

学校生活になじめない、周囲に合わせて人間関係を築くのが苦手な人はたくさんいると思います。なかには社会不適合とのレッテルを貼られてしまった人もいるでしょう。まわりからクレイジーだと思われている人には、そういうタイプが少なくありません。

つらいこともあるでしょうが、いまの社会になじめない人には、社会の変革者になる可能性があります。既存の社会に順応できないからこそ、もっと快適な社会を、だれもが適応できるような社会をつくりたいと願うモチベーションが強いからです。ぼくも社会の不適合者の一人かもしれません。日本の学校になじめず、帰国生向けの学校に転校しました。だからこそ、日本の教育のおかしなところに気づくことができたのだと思います。

一方、社会に適応している人たちは保守的になりがちです。適応できるのは、その人たちにとって住みよい社会であるからで、そのような人々は変化や改革を望みません。

変革者となるには、世をうらむ気持ちではなく、世の中をよりよくするのだという思いが大切です。うらみや復讐心ではなく、疑問をもちつづけることが大事です。「無敵の人」になってはいけません。なぜ、自分は社会になじめないのか。社会のどこに問題があるのか。これ、おかしいんじゃない。こうすれば、もっとよくなるのでは、といった疑問です。

一見、社会によく順応しているように見えても、息苦しさを感じている人は少なくありません。多くの人は、そんなものだとあきらめて、周囲に合わせているのです。みんなが、そんなものだ、仕方ないと思っているけど、本当は心の中ではもやもやしている——。それが、社会に蔓延《はびこ》る大魔王ゾーマです。歯向かえば、社会から逸脱者と思われてしまう。不適合のレッテルを貼られてしまうといった、見えない恐怖です。

それに立ち向かえるのは、不適合者のレッテルを貼られてしまった人かもしれません。社会の変革者です。「なんで、わかってくれないんだ」「悪いのは私ではなく、社会だ」となげいたりうらんだりする被害者になりさがらず、「社会を変えよう」と立ち上がることのできる人です。

加えていえるのは、「人生は逆張り」という考えが有効だということです。「みんながこうするべきだといっている」と感じているときは気をつけてください。「みんながいっている（思っている）から正しい」と思いたくなることがありますが、それを乗り越えたところに真実があります。

そもそも「みんな」とはだれでしょうか。「みんながそういっている」と感じたとき、それがだれのことなのか具体的にその人の名前をあげてみると、それほど多数の意見ではなかったということもあるはずです。

たとえば、大学入試でいえば「総合選抜（ＡＯや推薦）がねらいめ」「海外大学と国内大学の併願は大変」といわれますが、本当にそうでしょうか。大学や学部のデータを調べると、難関国公立大学でも倍率が１～１・５倍程度というところもあるくらいです。また、小手先の受験対策だけだと無理ですが、真剣に自分と向き合ってパーパスが見つかっていれば、道は切り開けます。ＴＯＥＦＬを必死に取り組んだうちの生徒は「あの英語がむずかしい大学の試験問題、中学生の日記みたいでした」と驚いていました。

つねに一方向から考えるのではなく、立ち止まって反対側も見てください。意外と反対側の足元に答えがあることがあるものです。

海賊になろう

「海賊になろう」といったのは、アップルの創業者、スティーブ・ジョブズです。なにも荒くれ者になって、略奪しようというのではありません。「海軍ではなく、海賊になろう」といったのです。

軍人には自分の意思はいりません。上意下達《じょういかたつ》で上官の指示命令に従って任務を遂行するのが軍人の務めです。たとえ自分が囮《おとり》となり命を落とすことが明白でも命令に従う。求められるのは忠犬になることであって、個人の意思はいりません。そのような軍人がたくさんいる。それが軍隊の強さです。

一方、海賊は個の集まりです。船長も船員も、それぞれが自立し自分の判断で動かないと船は沈んでしまいます。海賊はプロジェクトチームのようなものです。カネで雇われ、一つの目的に向かい、目的を達成すると解散です。別の目的が見つかればまた仲間を募ります。そして、海賊には、海賊同士のネットワークがあり、利害が一致すれば互いに助け合います。

今後、世界には大航海時代や産業革命に匹敵する時代がきます。大航海時代は、その前の時代に興隆したモンゴル帝国のヨーロッパ席巻とその際もち込まれた「ペスト」がきっかけとなったといわれています。歴史の変わり目には、疫病の世界的流行や気候の大変動がありました。今回のコロナ禍は、もしかすると後世の歴史家から「新しい時代に向けて動き出すきっかけになった」と評されるパンデミックなのかもしれません。

そのような時代の荒波を目的地に向かって船出するには、グロース・マインドセットと正確な羅針盤をもつこと、航海のスキルを磨き、操船方法を学ぶことが必須です。

しかし、志とスキルだけでは足りません。最も大切なのは一緒に航海する「仲間」です。チームです。海軍は上意下達で、司令官の指示に従って動く組織です。下士官や戦闘員は駒にすぎません。海賊はちがいます。同じ目的をもち、利益を共有し、冷静に計算し行動する集団です。失敗すれば、待っているのは死のみです。だからこそ、互いを仲間と思い、信じています。

航海には仲間が絶対に必要です。信じることのできる、信頼のできる仲間を大切にしてください。友達や先生との出会いの縁を大切にしてください。縁を大切にする人ほど、社会に貢献し、成功します。自分の成功だけを求める人には人もおカネも寄りつきませんが、他者や社会の幸福を願い、社会に貢献することを志す人には自然と人とおカネが集まり、成功することができます。

一人でできることにはかぎりがあります。でも、仲間がいれば大きなことをなしとげることができるのです。ぼくがここまでいろいろなチャレンジができたのも、箕面高校やいまの学校で、ぼくの考えに共鳴して共に汗を流してくれる仲間と出会い、一緒に行動してきたからです。だから、これを読んでいるみなさんも、ぜひぼくと一緒にワクワクする社会をつくっていきましょう。そう、願っています。

図表32　**海軍じゃなく海賊になろう**

It's more fun to be a pirate
than to join the navy
—Steve Jobs
MARTIN TRUST
CENTER FOR MIT
ENTREPRENEURSHIP

★勇者は選ばれし人がなるのではなく、だれもがなることができる。指示待ちの優秀な犬になってはいけない。

★失敗を恐れずチャレンジするヤツが一番偉い。成功するまであきらめなければ失敗で

握ろう

はない。自分で決める選択の積み重ねが勇者につながる。

★勇者になるために必要なのは自分の世界観。

つまり「Who are you?」「あんただれやねん?」に答えられることが必要。

★目的意識、パーパスを意識することが大切。

そのために必要なのはワクワクすること。

枠を外すからワクワクできる。

★一人では気づけないから、他者と対話することが重要。そのとき大切なのは、質より量、お互いに腹を割る、そして「Yes、And」の考え方。

★勉強も大学も目的ではなく手段。東大やハーバードに受かっても、すし職人で社会貢献したいと思うなら、それがいい。

★海軍よりも海賊になろう。あきらめずに変態しつづければ道は見つかる。

第5章

Go Abroad!

——海外進学の道

第5章は紙上海外進学説明会です。第4章ではアウェー体験が大事で、意欲があれば海外に出るべきということをお話ししました。

でも、海外の大学に行ってみたい、興味があるけど、どうすれば海外の大学に進学できるのか、そのためにどんな準備をすればいいのか、そもそも自分に海外の大学に進学できる可能性があるのか……。わからないことだらけですし、あきらめてしまう人も多いと思います。そういう人は、ぜひ、紙上説明会に参加してください。

では、さっそく始めます。

何を求めて大学に？

Ｇｏ Ａｂｒｏａｄ！　海賊船で、未知なる海へこぎ出そう！

海外進学は未知なる海に出ていく航海のようなものです。

「大人になるってどういうこと？」

「そのために何が必要？」

「何を求めて大学に行くの？」

「なぜ、大人は大学をすすめるの？」

海外進学の前に、最低限、この４つのことは考えてください。とくに、何を求めて大学に行くのか。何がしたいのか。そのことを真剣に考えないと、自分にとって最適な進学先はマッチングできません。

高尚な目標をもて、といっているのではありません。学歴やいい会社に入るためといった現実的な目的しか思い浮かばないなら、それでもいいのです。とにかく、なんのために大学に行くのか、大学に何を求めるのか、志望校を決めるときには、それを考えることが大切です。

日本の大学と海外の大学のちがい

まずは、日本です。日本の大学は入るのは大変なのに出るのは簡単ですから、大学生活はバイトして飲み会して合コンして終わりです。勉強はあまりしません。日本の大学のすべてがこうだというつもりはありませんが、日本の大学を卒業した多くの人は、学生時代を振り返ると、バイトとサークルや部活の思い出ばかりを口にします。

つまり、よくいえば、日本の大学は「自由度が高い」ということです。授業に出て、単位を取りさえすれば、あとは何をしていてもあまり文句をいわれることはありません。学歴だけが大学に行く目的ならば、日本の大学はうってつけです。

海外の大学ではそうはいきません。「死ぬほど勉強しろ」といわれます。"Play hard, study hard." です。

そもそも、大学生の勉強時間や本を読む量が圧倒的にちがいます。高校3年生の学力を比較すると、日本の高校生はハイレベルです。でも、残念ながら、作業能力は高くても「パーパス」がないので、大学に入っても本を読みません。

日本の大学は、高校を卒業して社会に出るまでのモラトリアムになってしまっています。言葉を換えると、学生を「飼い殺し」にしている側面があるのです。一方、海外の大学はモラトリアムではありません。つらい修行の園です。

日本と海外の大学のメリットとデメリットを比較したのが、図表33です。海外といっても、アメリカの大学とイギリス、カナダ、オーストラリアなどイギリス連邦の大学ではずいぶんちがいますし、アジアの大学にも特色があるので、一概にはいえません。

まとめると、日本の大学はモラトリアムですから、とにかく自由で何をしてもいいけれど、教育力が総じて低い。一方、学生のモチベーションが高くて、幅広い人脈をつくることができるけれど、とにかく勉強しなければならないのが海外の大学、といったイメージです。

図表33　**日本と海外の大学比較**

	メリット	デメリット
日本	●自由度が高い ●自分のペースで勉強できる ●バイトなどを通じて社会勉強ができる	●学生の学問に対するモチベーションが低い ●勉強時間が短すぎる ●大学の教育力が総じて低い
海外	●学生のモチベーションが高い ●本当の「学問研究」ができる ●国によってはアクティビティが極めて充実している	●自由度が低い ●バイトなどはできず、生活がすべてオンキャンパス ●自分のペースなどない

オーストラリアやマレーシアはおすすめ

世界の大学の学費や入試制度、大卒初任給などを比較したのが図表34です。下の図表35は、大学の難易度を比較したものです。

日本ではアメリカの大学が人気ですが、アメリカは学費が高いうえ、TOEFLは80点以上を求められるなど、入るのがむずかしいことがわかります。ただ、アメリカの大学についてはのちほどくわしく説明しますが、学費は高くても奨学金や学費免除の制度が充実しているので、学費だけを理由にあきらめる必要はありません。

学費や入学難易度、多様性などを総合的に見ると、オーストラリアはおすすめです。マレーシアなどアジアの大学もよいでしょう。初任給は現地就職した場合の金額で、マレーシアの初任給が低いのは物価のちがいですから、それほど気にする必要はありません。

それでも、日本人にアメリカ志向が強いのは、ブランド好きだからです。みんな、アメリカに行きたい、それもハーバードやスタンフォードなどの名門校に行きたいといいます。日本人は「入り口」にこだわりすぎなのです。ハーバードかスタンフォードでなければだめならば、海外進学への道は細く、ハードルは高くなるだけです。

図表34

日本と世界の入試制度

	学費（年間）	多様性	入試制度	初任給	TOEFL
日本	100万	ほぼなし	ノーコメント	300万	―
アメリカ	公立500万 私立800万	6～20%	極めて大変	600万	80以上
オーストラリア	400万	20～40%	比較的容易	450万	60以上
カナダ	200～600万	6～20%	大変	450万	70以上
イギリス	500～800万	5～15%	大変	いろいろ	IELTS※ 6.5以上
ドイツ	100万	5～15%	ドイツ語（A2）あれば	450万	80以上
マレーシア	70万	大学による	比較的容易	100万	50↑

※図表40参照

図表35

海外の入試の難易度

難易度

国	語学試験（TOEFL）	GPA	その他
アメリカ	80以上	4.0以上	● SAT ● Activities ● Common Essay ● Supplement Essay ● その他
カナダ	70以上	3.8以上	
オーストラリア	60以上	3.5以上	なし
マレーシア	50以上	3.5以上	なし

図表36　**日本と海外の大学の中身**

	メリット	デメリット
日本	●理系は世界最高レベル ●学費が安い ●母国語で大学院をもつ	●文理が分離している ●モチベーションは低い ●グローバル化からはほど遠い ●真の人脈をつくる場所ではない
アメリカ	●リベラルアーツ（LA）を重視 ●世界最高の教育を行う ●モチベーションが高い ●魅力的な人材が集まる ●多様性が高い ●卒業後の給与が高い	●学費は異常に高い →奨学金などの制度がある ●治安に問題がある ●留学生対応はあまりない
オーストラリア	●専門教育を重視 →近年はLAにも力を入れる ●多様性が極めて高い ●世界ランクが上がっている ●社会起業が得意 ●治安はよい	●就職に苦戦する可能性がある ●学費は高い

図表37　**海外進学のフローチャート**

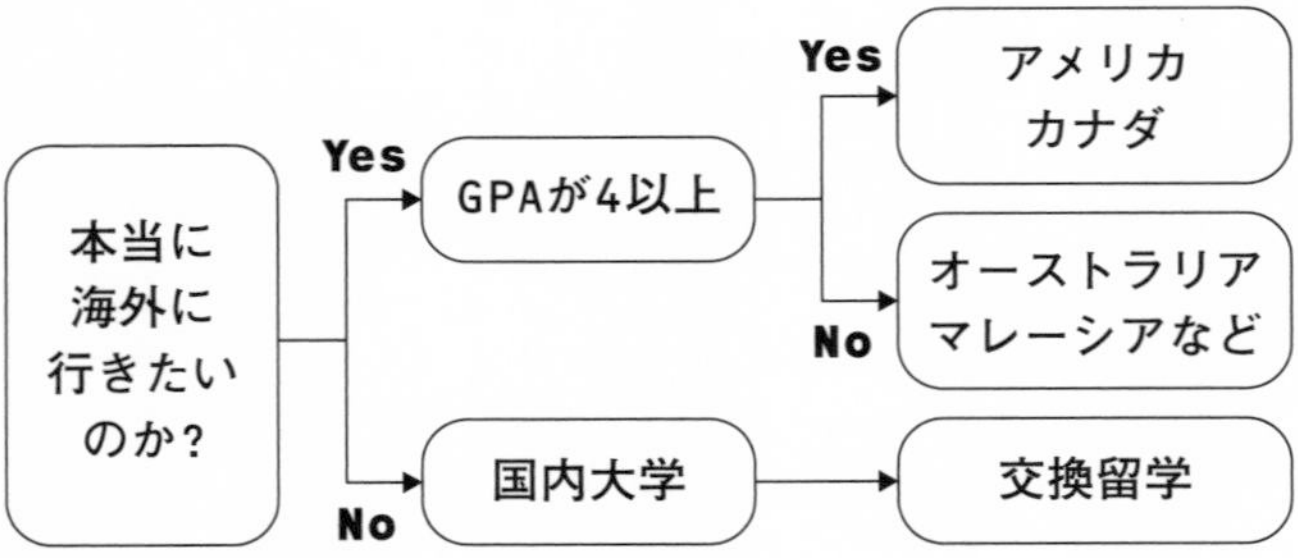

しかし、海外では「入り口」より「出口」が大事です。他大学への編入も比較的容易ですから、入りやすい大学に入って編入したり、名門校の大学院をめざしたりという道もあります。

本当に海外の大学に行くのか、行きたいのかを考え、どの国のどの大学に行くのか考えるときには、図表37のようにフローチャートをつくってみてください。GPAというのは授業科目ごとに5段階程度で評価してそれを1単位あたりの成績の平均値にしたもので、日本でいえば内申書の評定平均にあたります。

海外進学のポイント

多くの大学がペーパー試験だけで合格者を決める日本とはちがい、海外の大学では学力だけではなく、入試段階で学生の資質が問われます。きかれるのは、「他の人とあなたは何がちがうの?」「あなたは、大学や社会にどんな貢献をしてくれるの?」「そもそも、あなたはいったいだれなの?」といったことです。つまり、これまで何度も話してきた「Who are you?」です。

ですから、そのようなことについてよく考え、自分なりの回答を準備しておくことが重要です。

以上をふまえて、現時点でできることは、まずGPA（学校の成績）を上げることです。平均4以上でなければ話になりません。それから、もちろん、英語です。中学3年生なら英検準2級以上、高校1年生なら英検2級、高校2年生ならTOEFLで60点以上をめざしてください。そして課外活動に取り組むことです。生徒会、部活、ボランティア、インターンシップ、自主研究、社会貢献など、課外活動にもいろいろあります。海外の大学の選考では、課外活動は非常に高く評価されます。

アメリカの大学は難易度が高いので、高校の成績が優秀かつ英語力が求められます。準備に必要なものは、GPA、TOEFLなどの語学試験の結果、高校の推薦状、アクティビティの経歴書、受賞履歴、各大学が課すエッセイ、大学共通のコモンエッセイ、エグゼクティブな人の推薦状、所得証明です。

エッセイはもちろん英語です。第4章でも触れました

図表38　**アメリカの大学受験に必要なもの**

- □ GPA（学校の成績）
- □ TOEFLなどの語学試験の結果
- □ 高校の推薦状
- □ アクティビティ（課外での活動）
- □ 受賞履歴（ナショナルチャンプ級以上）
- □ 各大学が課すアプリケーションエッセイ
- □ 大学共通のコモンエッセイ
- □ エグゼクティブな人の推薦状（できれば）
- □ 所得証明

が、エッセイは一般論を書いても評価されません。「私はだれなのか」「私はどのような貢献ができるのか」といったことに答える内容が求められます。エグゼクティブな人の推薦状というのは、社会的地位のある人からの推薦状ですが、これはなくても問題ありません。あると有利だという程度です。志望校の教授に推薦してもらえれば最高です。入試の公平性が最重要視される日本では考えられないことですが、アメリカの大学に入学する際には、コネクションは有利に働きます。腹が立つかもしれませんが仕方ありません。コネクションをつくるのも実力のうちです。日本では「コネ」は悪い意味でとらえられますが、海外では人脈をつくる、人徳、人を頼る力は評価の対象です。

図表39はアメリカの大学への進学スケジュールです。高校2年の秋にはSATの登録が始まります。SATはScholastic Assessment Test（大学能力評価試験）のことで、日本でいうセンター試験のようなものです。科目は英語と数学です。英語といっても、日本の入試の国語のようなものと考えてください。TOEFLで70点以上ないと、SATの英語で点数は取れないくらいのレベルです。問題はアメリカの文化や歴史を知っていることが前提で出題されるので、その対策も必要です。

TOEFLは高校2年の夏段階で40点、冬に50点、高校3年の春には60点、夏には80点、秋

図表39　**アメリカの大学への進学スケジュール**

時　期	内　容	TOEFL
高校1年生	学校、部活、その他をフルパワーで 先生、家族と進路について考える なによりも「Who are you？」	まずは英検2級
高校2年生	TOEFLの準備 SATの準備、登録	9月：40 1月：50
高校3年生	SAT I 受験×2回	4月：60
1学期	受験問題（エッセイ）発表	7月：70
8月1日	Common Appへの登録（～翌7月）	8月：80
2学期	コモンエッセイ×20回 アプリケーションエッセイ×20回×大学 奨学金出願（9月～2月） SAT I 受験×1回	11月：100
1月1日	出願締め切り	
2月	面接・Wait List対応（追加エッセイなど）	
卒業～入学		
5月中旬	一次合格の締め切り（めど）	
7月1日	最終合格者の締め切り（めど）	

には100点をクリアしておかないと、名門大学にはとても入学できません。受験準備は最低でも高校2年からということになります。それでもギリギリです。ですが、きちんと準備しておけば国内の大学と併願するときも対応できます。

さまざまな英語試験

TOEFLの説明ついでに、みなさんが悩む英語の学習についても少しお話ししたいと思います。これまでの話でわかると思いますが、英語はあくまで手段であり、道具です。水泳や自転車と同じで、上達法は実践あるのみです。でも、多くの人は学校のテストや検定、資格の点数ばかりを気にしてしまいがちです。

日本の学校の英語の試験は、文法や単語の知識を重視しています。実践的な英語の能力はあまり問われません。でも、考えてみてください。自転車に乗れるかどうかを判断するのに、足を上げる角度は何度か、足の回転速度はどれくらいかといったことをテストするでしょうか。そんなことに意味はありません。乗れるかどうかは、乗らせてみれば一目瞭然です。英語も同じです。話してみれば英語の能力はすぐに分かります。それがTOEFLの出題の考え方です。

図表40　さまざまな英語試験

TOEFL iBT®

- 英語圏の大学が入学・留学希望者の英語力を判定
- 北米以外にイギリスやオセアニア圏でも採用が拡大
- 長文をPC画面で読み、英文をタインピングする対策も必要

英検（実用英語技能検定）

- 日本最大級の英語資格試験で、5～1級まで7段階に分かれ合否を判定
- アメリカの一部大学で入学条件として認めているところもあるが、ほぼ稀

IELTS

- イギリス、オーストラリア、ニュージーランドなど英国圏の大学進学や就職のための英語力を判定
- 海外留学用（ACADEMIC）と就職用（GENERAL TRAINING）の2種類
- スピーキングは対面

TOEIC®

- 英語によるビジネスコミュニケーション能力を診断するテスト
- 日本での受験者は多いが、海外進学のための入学条件としては使えない

Duolingo English Test

- オンライン学習システムDuolingoが運営し、自宅でオンライン受験可能
- 比較的新しい英語検定で、入学条件として認められる大学が徐々に増加

いずれも2022年12月時点。詳細は各実施団体で確認してください。

あとは単語です。英単語も、日本史の用語や数学の公式を覚えるのと同じで、大事なのは回転数です。つまり、自分のもっている教材を何周使ったかです。できなかったところをチェックし、それをくり返すのがポイントです。

アメリカの大学は3種類

アメリカの大学は、総合大学（University）、リベラルアーツ・カレッジ（Liberal Arts College）、コミュニティ・カレッジ（Community College）の3つに分けられます。University は研究に重点をおいた総合大学、Liberal Arts College は教育に重点をおいた大学というちがいがあります。University には公立と私立があります。日本では国立のほうが上で私立はワンランク下というイメージですが、アメリカは逆です。名門校の大半は私立大学です。ハーバードもスタンフォードも、MITもみんな私立です。アメリカの私立大学はきわめてレベルが高く、学費も高額です。そのぶん、奨学金制度が豊富で、学費免除制度や学生寮も充実しています。また留学生の受け入れも積極的です。

一方の公立ですが、州立大学は差が激しく、一概にいえないところがありますが、総じて奨学金制度は貧弱で、留学生の受け入れも消極的です。

Liberal Arts College は日本ではあまりなじみがありませんが、研究ではなく、もっぱら学生の教育を目的としている大学です。日本では国際基督教大学がそれに近いといえるでしょう。レベルが相当高い大学が多く、オバマ元大統領は Liberal Arts College のオクシデンタル大学から3年次に University のコロンビア大学に編入、ヒラリー・クリントン元国務長官は名門ウェルズリー大学の出身で、歴代大統領や著名な科学者、経済人にも Liberal Arts College の出身者は少なくありません。アップル社の創業者スティーブ・ジョブズもその一人です。明治時代の偉人、クラーク博士や新島襄《にいじまじょう》、内村鑑三《うちむらかんぞう》、

図表41　**アメリカの大学の概要**

University（総合大学）	Liberal Arts College（教養大学）	Community College（短期大学）
Private（私立） ●極めてレベル（学力・学費）が高い ●奨学金制度が豊富 ●留学生の入学に積極的 Public（公立） ●差がある ●奨学金制度はほぼなし ●留学生の入学は消極的	●教育を施すための大学 ●少数精鋭で面倒見がよい ●留学生対応が充実 ●寮生活と大学が一体化 ●授業の選択の幅が自由 ●専攻を選びながら学習できる ※ただし、大学院進学者が多いため、授業料がかさむことがある。	●日本では「短期大学」扱いだが、微妙な位置づけ ●ごく一部大学併設があり、ごくたまに大学への編入ができる ●超お試し語学留学のためならあり ※ぼくが親ならすすめません。

津田梅子《つだうめこ》といった人たちもLiberal Arts Collegeで学んでいます。

私立のUniversityは奨学金も豊富で留学生の入学にも積極的ですが、規模が大きいので、授業や生活になじめずおいていかれがちです。海外生活の経験がなかったり、消極的な性格だったりするなら、こぢんまりとしていて面倒見がいいLiberal Arts Collegeをすすめます。

Community CollegeはLiberal Arts Collegeの廉価版です。日本では短期大学と見なされることが多いですが、実態は移民のための職業訓練校です。ぼくはすすめません。

インターナショナルスクール生が使う裏技

アメリカについて、最後に裏技を紹介します。あまり大きい声ではいえませんが、インターナショナルスクール出身で、アメリカの大学事情にくわしい学生は、この裏技を使っています。

まず、国内の交換留学に強い大学に入学します。同志社、青山学院、立教、関西学院などキリスト教系の伝統校は海外の大学とつながりが深いのでねらいめです。早稲田や慶應も交換留学制度は充実しています。

裏技とはズバリ「編入」です。2年次に交換留学で行って、その大学に3年次から編入するのです。最初から行くと大量に必要な書類も、編入ならＧＰＡとＴＯＥＦＬの２つだけですみます。

編入のハードルは高くありません。ひと言でいうと、「ハグ」できるくらいに仲よくなれば勝ちです。編入したい学部の先生と仲よくなって、「ぜひ、うちの大学に来てほしい」と推薦状を書いてもらえれば、ほぼ編入できます。

オーストラリアの大学をめざす場合

次に、オーストラリアの大学です。なんといっても、レベルが高いのが魅力です。オーストラリアの人口は日本の5分の1程度の２５００万人で、大学は40校しかありませんが、そのうち6校が世界ランキング１００位以内に入っています。日本は約８００校で１００位以内は東大と京大の2校だけです。留学生比率が高く多様性に富んでいるのも魅力です。留学生への支援態勢も充実しています。さらに、大学は3年制、大学院は1年制なので学費が安くすむというメリットもあります。

オーストラリアは英連邦の一員ですが、イギリス系の大学とアメリカ系の大学では制度がちがいます。日本の大学はアメリカ系の大学制度です。アメリカ系の大学は4年制で一般教養2年、専門課程2年のカリキュラムですが、イギリス系ではカリキュラムは専門課程3年です。そのかわり、ファウンデーション（基礎コース）といって、大学傘下のカレッジや予備学校で1年間、準備コースで学んでから入学するのが基本です。

ただ、オーストラリアは結構緩いところがあるので、成績優秀だとファウンデーションが免除されることもあります。合格通知は「予科合格」と「本科合格」の2種類があり、本科合格だとファウンデーションは免除されます。ただ、本科合格の場合でも「ディプロマ」という条件が課せられることがあります。

図表42　イギリス系の大学へのルート

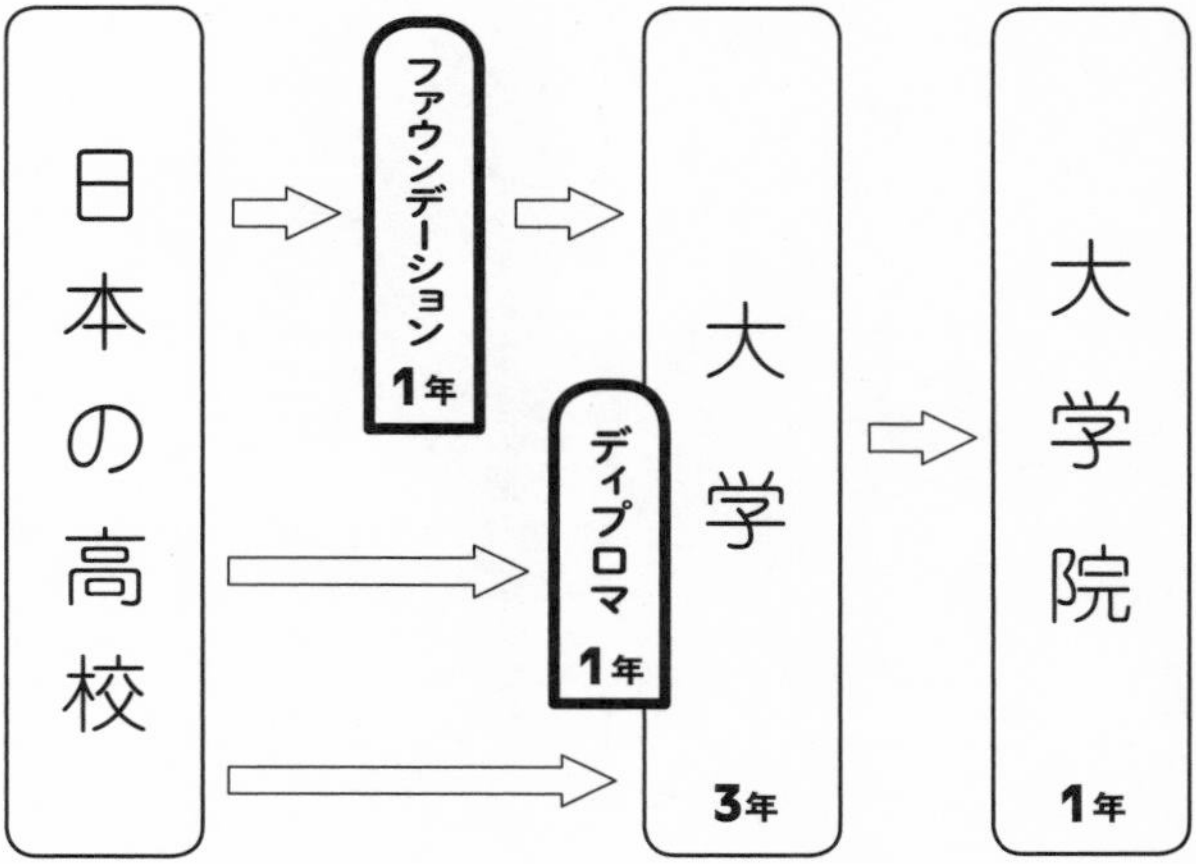

大学で受講しながら、準備コースで補習授業を受けなさいという趣旨です。語学やアカデミックスキルの講座を受講することになります。ですので、厳密には、合格通知は「予科合格」「ディプロマ付き本科合格」「本科合格」の3種類になります。

大学院もアメリカ系は修士課程2年、博士課程3~5年ですが、イギリス系は修士1年、博士2~4年なので最初から大学院に進学希望ならおすすめです。ただし、イギリス系の大学では専攻の途中での変更は基本的に認められません。

英連邦にはイギリス、カナダ、オーストラリア、ニュージーランドなどがありますが、イギリスの大学はあまりおすすめできません。イギリスは依然として階級社会で、差別を受けることも少なくないからです。

オーストラリア以外では、マレーシアやオランダの大学もおすすめです。アジア圏のマレーシアは物価が安く、学費の負担が少なくてすみます。そして、これからの時代に必須なイスラムの人々と人脈を築くことができます。大学のレベルは最高レベルなので問題ありません。オランダは学費が基本的に無料です。

留学費用

留学費用は国によって大きくちがいます。割安なのはアジアです。学費はすでに紹介したとおりです。

生活費はアメリカだと物価が上がっているので結構大変です。ただ、学生寮に入ると、食事付きなので節約はできます。ハーバードの場合、学費が500万~600万円、寮費が300万円で、年間800万円、4年間で3200万円ほどかかります。

USニュースというサイトで、各大学の学費と生活費を合わせたおおまかな留学費用を知ることができます。

アメリカの大学は奨学金制度が充実しています。そのほか、日本の財団が日本人学生向けに給付する奨学金も増えてきました。まだまだ数は多くありませんが、給付なので挑戦してみる価値はあります。

アメリカの大学や財団が提供する奨学金を受給するには、それぞれの申し込みのときエッセイを書かなくてはなりません。ですから、奨学金をもらうなら、全大学共通のエッセイ、志望校のエッセイに加え、申し込む奨学金の数だけのエッセイを書かなければならないので、それだけでも大変です。高校3年の夏以降は、エッセイだらけで「わけわからん」という状況になります。留学準備は早ければ早いほどよいという理由の一つです。

エッセイにはそれぞれお題があります。たとえば、ブラウン大学だと、エッセイの課題は「Why Brown?」です。自由作文ではないので、同じエッセイをいくつもの大学や財団に使い回しすることはできません。

裏技その2

アメリカの大学では、教授との個人的な関係が有力な武器となります。裏技のところでお話ししたとおり、教授とハグできれば、編入できたも同然となるのです。ですから、直接入学をめざす場合も、志望校の志望学部の教授に推薦してもらえれば、合格は近くなります。「エグゼクティブの推薦状」です。志望校の教授のものなら、それ以上有力な推薦状はありません。

本当にアメリカの大学に行きたいなら、大学の教授や入試事務局にメールを送ることをおすすめします。なぜ、自分がその先生の下で学びたいのか、なぜ、その大学に行きたいのかをアピールするのです。

やみくもにメールを送ってもだめです。まずは、自分が興味をもつ分野の大学の先生が書いた論文を読んで、自分が本当に学びたい先生を見つけることです。論文は大学の先生が書くラブレターです。それを読んで感動したり、興味が湧いたり高まったりすれば、それはその先生とあなたの相性がいいということです。そんな先生を見つけ、ラブレター（論文）への返事を書けばいいのです。「先生の論文を読んだ。ここがよかった。先生の下でこんな研究がしてみたい」といったことを書くのです。うまくいけば、先生から推薦状を書いてもらえるかもしれません。それがあれば、あとはＴＯＥＦＬとＧＰＡの基準を満たしていれば、まず、合格できます。

入試事務局も同じです。一般論ではいけません。志望校の歴史や建学の理念をしっかり研究して、なぜその大学に入りたいかをアピールするのです。「Why your University?」です。

いまがチャンス

海外の大学に出願するには、世界の大学の大半が登録している世界共通の出願サイト「コモンアップ」（Common Application）が便利です。

大学に出願する際に共通願書として使用できるオンラインシステムで、世界のトップ1000の大学のうち750校がこのサイトから出願することができます。なぜか日本の大学だけは、ほとんど登録していません。

交換留学制度はかなり充実してきましたが、日本の大学生はあまり留学したがりません。語学留学なども含めると、日本人留学生は全世界に3万人ほどいますが、海外のトップ200に入る大学への直接の入学生は200人だけです。しかも、その大半が帰国生、海外経験者です。なんとこれは、明治期の津田梅子が留学していた時代と同じ水準です。

世界ランク17位のメルボルン大学には2万5000人の学生がいて、留学生が6000人を占めます。そのうち4000人は中国人学生です。トップ200の大学に200人の日本と、メルボルン大学1校で4000人の留学生がいる中国との差は、目を覆うばかりです。

一方で、メルボルン大学の学生の4分の1近くが留学生だということからもわかるとおり、海外の大学の多くは留学生の受け入れに積極的です。世界大学ランキングには採点項目があり、「多様性」もその一つです。多様性というのは、簡単にいうと、どれだけ多くの国や人種の学生や研究者が集まっているかということです。もちろん、多様な国々から多様な人種の学生を集めている大学が高い評価を得ます。

とくに、日本の学生は人気です。日本人学生が少ないからです。

つまり、いまがチャンスなのです。最初から海外の大学に入学するにしても、いったん日本の大学に入って交換留学制度を利用して海外の大学で学ぶにしても、いまがチャンスなのです。海外の大学が日本人学生を欲しがっているということは、比較的入学しやすいということです。

ぼくは、だれにでも留学を進めているわけではありません。日本の大学や大学制度にもいいところはあります。向き不向きもあります。大切なのは、最初にもいいましたが、なんのために大学に行くかを考えて、そのうえで、どの大学に、あるいはどの国の大学に挑戦するかを決めることです。

留学の希望があったり興味があったりするのなら、最初から「自分には無理」などと考えずに、可能性を探り、挑戦してみてください。

もう一度いいます。いまがチャンスなのです。

★日本と海外の大学それぞれにメリットとデメリットがある。おすすめはオーストラリアとマレーシア。そして、まず取り組むべきなのは学校の成績を上げること。

★ダイバーシティを求めている海外の大学は、

日本人が来なくて困っている。だから、いまがチャンス！

この本でくり返しお話ししてきたとおり、いまの学校は「オワコン」です。日本の近代化と強兵のため、工場や軍隊で働く均質で質の高い労働者や兵隊が大量に必要だった明治政府がつくり上げたシステムがいまの教育の原型です。その教育は敗戦後も引き継がれ、高度成長に大きく寄与しました。それにより、戦後の高度成長期には人々は幸せになれました。終身雇用と年功序列の雇用システムが盤石だったので、質の高い労働者になれば、一生食べるのに困らなかったのです。

でも、右肩上がりの時代は終わり、過去の成功体験や方程式は通用しない時代になりました。正解などはなく、いまの10代が社会の中核となる2050年には、日本の社会に閉じこもっていては生きていけなくなる、さらに厳しい社会が待っていることでしょう。

自分を知り、天命を知り、パーパスをもって自ら身のまわりや社会の問題を解決できる勇者にならなければ、その時代を生き抜くことはできません。

しかし、日本の学校は昔のままで、何も変わっていません。いまだに、先生のいうことをよくきいて、変な校則にも疑問をもたず、学ぶことの意味など考えもせずにひたすら勉強する、そんな生徒が優等生とよばれる教育がつづいています。

その典型が受験教育です。公立学校まで巻き込んで、日本の学校には東大ビジネスが横行しています。しかも、中学受験からスタートします。生徒にとっては東大に合格することが最高の価値で、保護者は学校にそれを求め、生徒を東大に合格させることが、学校や先生の優劣の基準となってしまっています。東大に行っても幸せは待っているとはかぎらないにもかかわらずです。

東大ビジネスは予備校がやるべきことで、学校の役割ではありません。学校は憲法に保障されている普通教育を行うべきはずの場所です。普通教育は英語でいうとリベラルアーツです。そもそも、リベラルアーツを教養と訳すのが誤りで、本来は「自由になるために必要な技術やマインド」です。常識を乗り越えるためにこそ必要なこうしたものを生徒に身につけさせるのが学校の役割であったはずなのです。

本来、先生方はいろいろな分野の専門家で、生徒が目を輝かせるような面白いことを知っている人の集団のはずです。けれど、東大スキームに縛られて、受験指導ばかりせざるをえないために、生徒に知識ともいえないような情報を与えるだけのロボットと化して疲弊しきっています。しかも、いまは情報ならインターネットでいくらでも集められる時代です。生徒に情報を与えるだけの先生は、いずれ、無用の長物となるでしょう。

すでに幻想になっているにもかかわらず、保護者は東大に合格さえできれば幸せな将来が待っていると信じ、子どもや学校に東大合格を求め、子供や学校はそれにこたえようと必死になっている。これがいまの学校の典型的な姿です。もちろん、東大というのは一つの象徴で、いい換えれば、少しでも偏差値の高い学校ということです。これでは、生徒も先生も保護者も、学校に関係する人たちはみんな不幸です。日本の将来にとってもよいことはなにもありません。

学校をどうするかという答えは一つではありませんが、本書で書いてきたことを理解していただけたら、最新のメソッドも海外の最先端の理論も、高額な設備も、外部からの優秀な人材も不要なことはわかるのではないでしょうか。いまの制度やしくみ、メンバーのままでも変わることができます。そう、5%が動き出すと全体が動くという箕面での話です。

日本の学校を変えるため、ぼくはいま、新しいプロジェクトにチャレンジしています。その一つが「ミライの学校プロジェクト」です。日本の私立学校で、「イケてる」学校をつくっている校長先生たちに参加していただいて、「学校を変える」人材を育成し、その人材を日本の「イケてない」学校にばらまこうという試みです。

学校を変えるには校長だけでなく、有能で志のある事務長、教務部長、教員育成の責任者が不可欠です。この4者をセットで育成し、4人のユニットとして、私立学校に派遣するという構想です。

少子化が進んでいる日本では、東大ビジネスとは一線を画する学校をつくろうと思っても、学校事業への新規参入は非常にむずかしい状況にあります。既存の学校の既得権を守るためです。恐ろしい世界です。そのため、教育を変えるには新しい学校をつくるのではなく、いまある学校を復活させるか再生するかしかありません。そこで「ミライの学校プロジェクト」です。星野リゾートの学校版です。

観光業界の革命児とよばれる星野リゾートが再生したホテルや旅館は人気スポットとなっています。星野リゾートはホテルや旅館を建てたり、買収したりするわけではありません。施設経営にかげりのある既存のホテルや旅館に経営陣を送り込み、星野リゾートのノウハウで、それらを再生するのです。「ミライの学校プロジェクト」は、このやり方で、うまくいっている学校のノウハウをシェアして学校を再生しようとする試みで、箕面や武蔵野、千代田のような学校を、日本中につくろうとチャレンジしています。

この本は、現状の学校や教育を批判するために書いたものではありません。それらを分析し、ミライに向けて必要な「そもそも必要とされる力とは何なのか?」を書きたいと思い、記したものです。どのような教育をめざし、なにを加え、なにを減らすのか、その道しるべとなれば幸いです。

厳しい状況下で旅立っていった若者たち、ミライをつくるために動き続けている先輩たち、そして、現場で苦しんでいる先生がたはじめ教育に携わるすべてのみなさんに捧げます。この本を読んだかたが少しでも、よりよい社会にしていく勇者になってほしいと思っています。

最後に、これまでお話ししてきた内容と重なるところもありますが、卒業式の式辞で箕面や武蔵野の高校生に伝えてきた内容を抜粋して終わりにしたいと思います。

一　本を読もう

年間3万ページ読んでください。最初は乱読からはじめてください。やっているうちに、わかる日がきます。知識は人類最大の武器であり、防具です。

二　深呼吸をしよう

ある音楽バンドも「どうにもならないことは、どうでもいいこと」と歌っています。つらいときは、少し立ち止まって、少し高いところから見てください。前のめりでは気づかないことも、一歩下がることで見えるものがあるかもしれません。

三　旅に出て視野を広げよう

アウェー体験を積み重ねてください。「旅」とは、物理的なものだけではありません。異なる価値観や考えに若いうちに触れることで、自らの「幅」を広げることができます。それが、あなたの人生をより広く深く、豊かなものにしてくれます。

四　素直でいよう。叱ってくれる人を大切にしよう

素直になるのは本当にむずかしいです。しかし、事をなす人たちは、他者の意見を聞き、それを実行することをくり返してきています。それが、大きな成長につながります。

五　できない理由より、実行するための方法を考えよう

できない理由を考えるだけではなんの問題も解決せず「他人事《ひとごと》」の人生を歩むことになります。「自分の人生」を歩むためにも、実行するための方法を考え、「失敗」を積み重ねてください。すべてあなたが主人公の物語なのですから。

六　礼儀と感謝を大切にしよう

礼儀と感謝をもって接する。本当にすてきな人は、人によって使い分けるのではなく、つねに礼儀正しく、感謝を忘れません。「実るほど頭《こうべ》を垂れる稲穂《いなほ》かな」です。

七　下積みを大切にしよう

成功する人たちは等しく、人がいやがる仕事を自分から率先して実践してきました。派手な仕事やＳＮＳの話題よりも、みんなからもれてきた仕事を自分から楽しんで拾いつづけることで見える世界があります。そして、その姿をかならず見ている人がいます。

八　チャンスは一度しかこないから大切にしよう

「人生の転機は3回しかない」といわれます。本当かどうかわかりませんが、与えられたチャンスで「決断」するタイミングがかならずきます。その感性を磨いてください。

九　思い込みやレッテルを貼らないようにしよう

つねに公平に物事を見て、正確に判断する。うわさ話や「みんながいっている（思っている）から正しい」を乗り越えたところに真実があります。

十　人生は逆張り

「みんながこうするべきだといっている」と感じているときは気をつけてください。反対側に答えがあることが、大人になればなるほどよくあります。たまには、「みんなとちがうことをやる」「変人とよばれてみる」「常識を疑ってみる」ことをしてください。

著者

日野田直彦（ひのだ・なおひこ）

武蔵野大学附属千代田高等学院および武蔵野大学中学校・高等学校の中高学園長、千代田国際中学校校長。1977年大阪府生まれ。幼少期をタイで過ごし、帰国後は欧米の最先端の教育に取り組む同志社国際で揉まれたアジアと欧米の教育を知るハイブリッド帰国子女。大学卒業後、進学塾、私立中高の新規立ち上げ、公立・私立の校長とほぼあらゆる教育現場を経験。

36歳（当時最年少）で校長になった大阪府立箕面高校では、地域の4番手の「普通」の学校の生徒が海外大学に多数進学し、注目を集める。武蔵野大学中学・高等学校では、定員割れ、予備校が出す偏差値が「判定不能」、9年で5人も校長が交代する倒産寸前の状態からV字回復し、学校説明会には毎年のべ1万人以上もの親子が参加している。2022年には募集を停止していた千代田高等学院の中学を千代田国際中学として再開。学校再建のロールモデルを構築すべく奮闘中。

写真

図表2　STAATLICHE MUSEUM, BERLIN,DEUTSCHLAND./Album Art/PPS通信社

図表5　Eko Atlantic

図表32　Quote gets attribute to Steve Jobs, The cartoonist: Marius Ursache, Special thanks to Martin Trust Center for MIT Entrepreneurship and the book "Disciplined Entrepreneurship"

協力　Cynet Photo

ブックデザイン
吉岡秀典＋飯村大樹（セプテンバーカウボーイ）

構　成
岩本宣明

編集協力
加藤企画編集事務所

編集担当
浅井啓介（TAC出版）

東大《とうだい》よりも世界《せかい》に近《ちか》い学校《がっこう》

2023年2月14日　初　版　第1刷発行
2023年8月16日　　　　　第4刷発行

著　者　日野田直彦
発行者　多田　敏男
発行所　TAC株式会社　出版事業部（TAC出版）
〒101-8383　東京都千代田区神田三崎町3-2-18
電話　03(5276)9492（営業）
FAX　03(5276)9674
https://shuppan.tac-school.co.jp

組　版　有限会社マーリンクレイン
印　刷　今家印刷株式会社
製　本　東京美術紙工協業組合

落丁・乱丁本はお取替えいたします。

ISBN 978-4-8132-8597-7
N.D.C. 159.7